프롬프트 텔링

로사장(김다솔) 지음

로사장(김다솔) 지음 ˅

AI 상향평준화 시대

나의 고유성과 프롬프트를 동기화하라

프롬프트 텔링
Prompt Telling

+ **격차를 만드는 AI 소통 능력**   🎤 ↑

추천의 글

AI가 우리의 일터와 삶 깊숙이 스며든 지금, 진짜 차이를 만드는 건 기술이 아니라 '태도와 사고방식'입니다. 《프롬프트 텔링》은 단순히 기능을 가르치는 책이 아니라, AI를 내 편으로 만드는 사고법을 전해줍니다.

광고와 콘텐츠 업계에서 오랜 시간 '사람의 말'을 다뤄온 제 입장에서, AI와의 협업도 결국 이야기를 어떻게 설계하느냐의 문제라는 점에 깊이 공감했습니다. 이 책은 '어떤 프롬프트를 쓰느냐'가 아니라 '나의 목표, 세계관, 관점을 얼마나 설득력 있게 담아내느냐'를 묻습니다.

누구보다 빠르게, 그러나 나만의 방식으로 AI 시대를 헤쳐나가고 싶은 분들이라면 이 책을 꼭 읽어보시길 권합니다. AI는 우리를 대체하는 존재가 아니라, 나의 이야기를 더 멀리, 더 정확하게 전해주는 가까운 친구이자, 동료임을 깨닫게 될 거예요.

- 종합광고대행사 (주)소셜링 대표,
《다정한 사람이 이긴다》 저자 이해인

AI 시대! 과연 어떤 것들이 달라지고 바뀌게 될까요? 스마트폰이 없던 시절, 서로의 얼굴을 보며 통화하고 SNS나 유튜브를 통해 자신을 알리며, 새로운 일자리와 직업이 창출되는 등 과거에는 상상도 할 수 없었던 새로운 삶을 살고 있는 사람들이 있습니다.

그리고 이와 같은 혁신적 변화의 새로운 시작이 바로 AI가 아닐까 합니다. 누군가는 AI를 통해 무한한 가능성을 찾고, 전혀 다른 방식으로 발전하며, 새로운 기회를 잡는 사람들이 나타날 것입니다.

모두가 탐내고 갖고 싶은 그 기회! 그 기회를 보다 잘 이해하고 잡을 수 있도록 도움을 주는 내용이 바로 이 책 안에 있습니다. 단순히 AI를 잘 '활용'하는 것이 아니라, AI를 이해하고 함께 협업하는 법을 알려준다는 점에서 이 책은 다른 AI 활용서와 다릅니다.

특히 AI를 계산기와 같은 도구가 아닌, 하나의 '주체'로 인식하고 그것에 캐릭터와 성격을 부여하며 더 잘 협업할 수 있는 환경을 만들어가는 과정이 매우 흥미로웠습니다. 이 부분에서 왜 제목에 '텔링'이 붙었는지를 알 수 있었습니다.

이제 AI는 더 이상 '선택'이 아닌 '생존'의 영역으로 다가오고 있습니다. 이 책을 통해 단순한 '사용'이 아닌 '이해'와 '소통'의 방식을 찾아, 생존을 넘어 새로운 시대의 기회를 잡길 바랍니다.

- 브랜드 디렉터, 준앤굿 대표,
《저는 브랜딩을 하는 사람입니다》 저자 허준

요즘 일하면서 AI는 빠질 수 없는 동료가 되었다. 어제도 AI에게 마케팅 카피를 부탁했다. 결과는 매끄럽고 완성도도 높았다. 그걸 보고 있자니 불안이 커졌다.

"이 정도면 AI로 충분한 거 아닌가? 그럼 나는 뭘 해야 하지?"

곰곰이 생각해 보니 답은 의외로 단순했다. AI에게 무엇을 시킬지 아는 사람만이, AI를 제대로 쓸 수 있다는 확신이 있기 때문이다. AI를 잘 쓴다는 건 결국 자기 생각이 명확한 사람이 된다는 뜻이다. 도구를 잘 다루는 능력보다 중요한 건, 그 도구를 통해 무엇을 만들고 싶은지 스스로 그릴 줄 아는 힘이다.

《프롬프트 텔링》은 바로 이 고민의 지점을 깊이 파고든다. 이 책은 "AI에게 어떻게 말할 것인가"를 다루는 단순한 기술서가 아니다. 오히려 "내가 진짜로 원하는 것이 무엇인가", "내가 어떤 결과를 만들고 싶은가"를 끊임없이 묻는 사유의 훈련서에 가깝다.

AI는 우리의 말을 있는 그대로 받아들인다. 내가 애매하면 결과도 애매할 수 밖에 없다. 좋은 프롬프트를 만드는 일은 결국, 내 생각을 정리하고 나의 기준을 세우는 일이다. 그래서 아이러니하게도, AI와 더 깊이 협업하려고 노력할수록 나는 오히려 나 자신의 생각을 더 명확히 이해하게 된다. AI가 나의 동료가 되려면, 먼저 나 자신이 어떤 사람인지, 무엇을 원하는지부터 알아야 하기 때문이다.

이 책은 그런 통찰을 가장 실용적이고도 단단하게 전달한다. AI에게 명령하지 않고, 함께 시나리오를 설계하는 법. 그 과정에서 명확한 그림, 구체적인 언어, 나를 이해하는 힘을 키우는 방법을 보여준다. 결국 《프롬프트 텔링》은 AI 사용법이 아니라, '나 자신과 이해해서 원하는 것을 이루는 법'을 알려주는 책에 가깝다. AI를 잘 쓴다는 건, 결국 나를 더 깊이 이해한다는 뜻이니까.

그래서 나는 이 책을 단순히 기술서가 아닌, '스스로를 정교하게 만드는 과정에 관한 책'으로 추천하고 싶다. AI를 쓰는 모든 사람에게, 이 책은 한 단계 더 깊이 생각하고 일하게 만드는 좋은 동료가 되어줄 것이다.

- 브랜드 마케터,
《쓰다 보니, 쓸 만해졌습니다》 저자 위한솔

목차

추천의 글 · 4

1. AI 시대, 프롬프트적 사고는 필수다

CHAPTER 01. 프롬프트적 사고법, 생존에 필수다 · 13
CHAPTER 02. AI 유니버스, AI 캐릭터성 이해하기 · 26
CHAPTER 03. 프롬프트 텔링, 나만의 AI 세계관을 그려라 · 36

2. 프로의 비밀, 프롬프트 텔링 공식

CHAPTER 01. 실패하는 프롬프트 vs 성공하는 프롬프트 · 57
CHAPTER 02. 상위 1% 프롬프트 텔링 공식 · 67
CHAPTER 03. 상황별 모듈형 프롬프트 완성하기 · 90

실무에 바로 써먹는 프롬프트 기술

CHAPTER 01. 콘텐츠 크리에이터를 위한 프롬프트 • **105**
CHAPTER 02. 프리랜서와 N잡러를 위한 프롬프트 • **129**
CHAPTER 03. 브랜드 대표를 위한 프롬프트 • **150**
CHAPTER 04. 기획자&마케터를 위한 프롬프트 • **176**
CHAPTER 05. 내 인생을 업그레이드하는 프롬프트 • **198**

나만의 AI 시스템 설계하기

CHAPTER 01. 연결의 힘, AI 유니버스를 구축하는 노하우 • **221**
CHAPTER 02. 나만의 AI 챗봇 설계하기 • **254**
CHAPTER 03. AI 세계관, 우리의 다음 챕터는? • **287**

1부
AI 시대, 프롬프트적 사고는 필수다

CHAPTER 01.
프롬프트적 사고법, 생존에 필수다

1. 왜 이제 AI는 '선택'이 아닌 '생존'인가

저는 광고 회사에서 경쟁 PT 기획자로 일을 하다, 높은 업무 강도에 지쳐서 퇴사했습니다. 퇴사 후 용돈이나 벌려고 시작했던 PPT 디자인이 운 좋게 잘 돼서 사업을 시작한 케이스인데요. 사장은 처음인지라 준비가 하나도 되지 않았고, 발등에 떨어진 불만 끄기에 급급했습니다. 한마디로 체계나 효율 없이 닥치는 대로 일들을 처리해 나갔던 것이죠. 3년쯤 지나니, 사업이 엉망진창으로 굴러가고 있음을 직감적으로 느꼈습니다.

회사에 시스템은 하나도 갖춰지지 않았고, 직원들은

즉흥적이고 비효율적인 업무 지시에 힘들어했습니다. 광고 회사에서 퇴사하면서, '나는 불필요한 야근을 절대 시키지 말아야지' 해놓고서 똑같은 일이 반복되고 있었습니다. 분명 직원들과 저는 하루 종일 일을 하고 있는데, 회사 매출은 늘 살아남기에 간당간당한 수준이었습니다. 처음으로 고백하자면, 가끔 마이너스 통장에서 직원 월급을 줄 정도로 심각했습니다.

그러다 '큰일이다…. 이러다 사업이 망하겠다!'라는 생각이 들 지경에 이르렀고, 일하는 방식에 뭔가 문제가 있는 게 틀림없었습니다. 3년간 무서워서 애써 외면했던, 엉망이었던 현재 상황을 진단해야 했습니다.

사업에서 제일 중요한 건 회사가 벌어들이는 '돈'입니다. 에이전시 사업의 매출 구조는 보통 다음처럼 명확합니다.

총매출 = 직원 수 × 업무당 매출 × 1인당 업무 처리량

그렇다면, 매출을 높이기 위해서 '직원 수', '업무당 매출' 혹은 '1인당 업무 처리량'을 높여야 했습니다. 직원 수? 지금 직원도 건사하기 힘든데 신규 채용은 위험한

도박이었죠. 업무당 매출? 견적을 올리는 방법이 있었지만, 고객사가 떠나갈까 봐 두려웠습니다. 1인당 업무 처리량? 이미 직원들과 제가 밤낮없이 일에 매달리고 있어서, 더 이상 업무를 늘릴 수 없었습니다.

이 공식에서 더 이상 할 수 있는 게 없다면, 공식 자체를 바꿔야 했습니다. 여러분들도 예상한 대로, 바로 'AI' 였습니다.

총매출 = 직원 수 × 업무당 매출 ×(1인당 업무 처리량 × AI)

AI를 도입한 후 회의록을 쓰고, 메일 답장을 하고, 리서치를 하고, 데이터를 정리했던 시간이 10분의 1로 줄었습니다. AI가 반복적이고 시간 잡아먹는 일들을 해주면, 사람은 그 시간에 좀 더 가치 있는 일에 집중할 수 있습니다. 시간과 인력이 부족해서 손도 못 댔던 SNS 마케팅과 신사업을 시작할 수 있었고, 실제로 회사 매출이 두세 배 높아졌습니다. 챗GPT 구독료 월 3만 원을 투자하고, 업무 생산성이 몇 배 높아지는 신세계를 경험하게 된 것이죠.

이게 제 회사에서만 일어나는 일일까요? 전혀요! 이

미 전 세계 기업들은 빠르게 AI를 도입하고 있습니다. 물론, AI의 무섭도록 빠른 발전에 의심과 두려움이 생기는 것이 당연합니다. 저 또한 초반에 AI를 경계하고, 어렵다고 생각했고, 쓸모가 있을까에 대한 의문이 있었으니까요. 하지만 무작정 AI를 멀리하는 것보단, 나만의 강력한 무기로 활용하는 것이 중요합니다. 이제 AI는 선택이 아닌 필수가 되는 시대가 다가오고 있기 때문이죠.

2. AI를 안 쓰는 사람 vs AI를 잘 쓰는 사람

아마존 웹 서비스(Amazon Web Service, AWS)에서 2025년 5월에 발표한 '생성형 AI 도입 지수' 설문 조사에 따르면, 전 세계 기업 92%가 2025년에 생성형 AI 역량을 요구하는 직무 채용을 준비하고 있다고 합니다. 국내 대기업들도 채용 과정에 'AI 활용 능력'을 묻고 있습니다. 회사로서는 살아남기 위한 경쟁력으로 AI가 필수이기 때문에 당연한 추세죠. AI를 다루지 못하는 사람은 채용하지 않겠다는 인사 결정권자의 의견도 과반수 보입니다.

저는 지금 상황이 인터넷과 스마트폰이 처음 등장했

던 시기와 비슷하다고 말합니다. 지금은 인터넷과 스마트폰을 쓰는 것이 너무나 당연하게 느껴집니다. 오히려, 채용 공고에 '인터넷과 스마트폰을 쓸 줄 아는 사람'이라는 조건이 있다면 어이가 없을 정도겠죠.

하지만 이 기술이 처음 나왔을 때는 인터넷 뱅킹이나 온라인 쇼핑에 대해 불안감을 느끼는 사람들이 많았습니다. 오프라인에서 직접 보지 않고 물건을 산다는

	AI를 안 쓰는 사람	AI를 쓰는 사람
업무 속도	리서치부터 자료 정리, 문서/기획안/보고서 작성에 며칠 소요	프롬프트 몇 줄로 리서치 요약, 목차 구조화, 보고서 초안을 받아 수정해서 몇 시간 내 완성
아이디어 생산력	본인의 경험과 머릿속 아이디어에 의존한 한정적 사고의 틀	다양한 관점과 사례로 본인의 인사이트와 합쳐져 창의적인 기획 가능
결과물 퀄리티	같은 기간을 줬을 때 반복적이고 단조로운 업무에 시간 뺏김	반복 업무를 AI에게 위임하고 의사결정, 인사이트에 집중해서 퀄리티 높임
학습 속도	책을 읽고, 자료를 수집하고, 수업을 듣는 데 시간과 에너지를 투자	AI를 개인 코치로 활용해 궁금한 점은 바로 물어보고, 요약 받고, 적용까지 실시간 처리
업무 여유	실무뿐만 아니라 반복 업무, 커뮤니케이션 등에 시간을 소요해서 지침	한 가지 업무에 집중할 수 있어 몰입 및 에너지 회복 시간 확보

게 말이 안 됐죠. 스마트폰이 나왔을 때도 "전화랑 문자만 하면 됐지, 뭐 하러 인터넷까지?"라는 반응도 있었습니다.

생성형 AI도 마찬가지입니다. 아직도 많은 사람이 "굳이 AI를 써야 할까?", "그냥 지나가는 유행 아냐?"라고 생각하지만, 몇 년 안으로 인터넷, 스마트폰처럼 모두가 당연히 쓰는 도구가 되어 있을 것입니다. AI로 3분이면 해결되는 일을, 수작업을 고집해서 세 시간이 걸린다면 회사와 사회는 누구를 환영할까요?

이제는 더 이상 '누가 더 오래 일하느냐'가 중요한 시대가 아닙니다. '누가 더 똑똑하게 일하느냐'가 모든 경쟁의 판을 바꾸고 있습니다. 여기서 AI를 안 쓰는 사람과 AI를 쓰는 사람 간의 'AI 격차'가 일어나게 됩니다.

3. AI 격차에 먼저 올라탄 사람이 판을 바꾼다

제 첫 직장은 업무 강도가 높기로 유명했던 광고 회사 경쟁 PT팀이었습니다. 광고가 너무 재밌었고, 같이 일하는 팀도 너무 좋았지만, 업무 강도가 살인적이었죠. 경쟁 PT 기간에는 새벽 서너 시까지 아이디어 회의를 하고, 주말 출근도 당연했습니다. PT 전날에는 꼴딱 밤을 새워야 해서, 회사 의자에서 잠시 눈을 붙이는 스킬을 이때 터득했습니다.

이때 제가 했던 일 중 하나는, 광고주가 이해하기 쉽도록 브랜드 광고 영상 스토리보드를 짜는 일이었는데요. 아직 세상에 없는 가상의 브랜드 광고를 설득력 있게 보여주기 위해, 전 세계 영상 레퍼런스를 눈이 빠지도록 뒤져야 했습니다. 특히, 광고주 브랜드에 맞는 톤 앤드 매너의 비주얼을 캡처해야 했는데, 정말 나노미터 단위의 '노가다(단순 반복 노동)'였습니다.

그뿐인가요, 콘셉트 키워드를 뽑기 위해 국어사전과 영어사전을 일일이 뒤지는 데 몇 시간을 쓰기도 했습니다. 물론 그때만의 낭만이 있지만, 지금의 저한테 같은 업무를 시킨다면? 기존에 새벽 세 시까지 야근해야 했던 업무를, 챗GPT와 미드저니로 단 한 시간 만에 끝냈을 겁니다.

AI를 통해 하루에 한 시간을 절약하는 사람이라면, 일주일 업무 시간이면 다섯 시간, 한 달이면 스무 시간, 1년이면 240시간입니다. 한 달 치 업무 시간을 앞서 나간다는 뜻입니다. 하루 두 시간이라면, 매년 두 달을 더

사는 것과 같습니다. 이 격차는 쌓이고 쌓이면 복리처럼 무서운 속도로 벌어집니다.

단순히 시간만 아끼는 것에서 끝이 날까요? 제가 경험했던 대기업 캠페인들은 광고 제작비에만 억 단위의 돈이 투입됩니다. 거기에다 광고대행사부터 제작 프로덕션, 모델 에이전시, CG, 성우, 촬영 스태프 등 수십 명 이상의 인력이 투입되어, 몇 주에서 몇 달 만에 하나의 광고 영상이 탄생합니다. 1인 기업이나 작은 브랜드에서는 이 정도를 투자해서 광고 영상을 만들 상상조차 못 했었죠.

하지만 지금은 프롬프트 한 줄로 AI가 브랜드 광고 영상을 만들어주는 세상이 되었습니다. 스크립트부터, 카피라이팅, 모델, CG, 더빙, 내레이션, BGM까지…. A부터 Z까지 AI로 만들 수 있습니다. 여기서 필요한 인력은, '나'라는 총괄 디렉터 한 명입니다. 투입된 비용도 AI 구독료 약 9만 원뿐입니다. 시간의 격차뿐만 아니라, 비용의 격차까지 만들어내는 것이 바로 AI입니다.

그리고 가장 중요한 점은, 이 AI 격차는 아직 시작 단계라는 것입니다. 인터넷이나 스마트폰 도입 초기에 발 빠르게 뛰어들었던 사람들이 훗날 핵심 인재가 되었던 것처럼, 빠르게 AI를 활용하는 사람은 앞으로 3년 후, 5년 후 완전히 다른 위치에 서 있게 될 것입니다. 지금이 바로 AI 시대에 올라탈 중요한 골든 타임입니다.

4. AI 시대, 사고방식을 전환하는 3가지 관점

그렇다면 빠르게 다가오는 AI 격차 속에서 살아남기 위해, 우린 어떻게 준비해야 할까요? 하루에도 전 세계에서 AI 서비스들이 쏟아지는 요즘, 단순히 AI 툴을 배우는 것만으로는 부족합니다. AI를 대하는 사고방식 자체를 바꾸는 것에서 출발해야 합니다.

첫 번째, AI를 인간의 대체제가 아니라 내 세계를 확장해 주는 무기로 봐야 합니다. 많은 사람이 AI가 일자리를 빼앗아 가는 것은 아닐지 불안해하고 있습니다. 날카로운 칼이 나에게 주어졌을 때, 두려워만 한다면 나를 다치게 할 수 있습니다. 하지만 이 칼을 잘 쓰는 법을 배운다면, 재료를 손질할 수도, 맛있는 요리를 할 수도, 나를 지키는 무기로 쓸 수도 있습니다.

마찬가지로, AI가 인간의 일을 뺏어간다고 비판만 하고 멀리한다면, 다가오는 AI 시대에서 뒤처질 수밖에 없습니다. 빠르게 AI와 친해지고, 내 무기로 활용하는 법을 배워서 내 역량을 몇 배로 확장해야 합니다. AI를 다룰 줄 알게 되면, 내가 하던 작업의 속도와 효율만 빨라지는 것보다 더 놀라운 변화가 일어납니다.

이전까지는 전문 툴을 다룰 줄 아는 전문가만이 결과물을 만들 수 있었습니다. 포토샵을 다루지 못하면 디자인을 할 수 없었고, 3D 툴을 모르면 제품 시각화는 할 수 없었죠.

하지만 AI를 통해 디자인을 전혀 몰라도 텍스트 프롬프트만으로 3D 로고를 만들고, 모델 에이전시를 통하지 않아도 AI 모델 룩북을 만들고, 카메라나 영상 편집 툴 없이도 AI 영상을 만들 수 있게 되었습니다. AI를 통해서 한 사람의 세계가 확장되는 것이죠. 그렇게 내 관점을 바꾸면, AI가 두려운 존재가 아니라 즐겁고 설레는 존재가 됩니다.

두 번째, AI에게 100% 맡기는 것이 아니라, 80대 20 법칙을 기억해야 합니다. AI에게 처음 일을 시켰는데, 내 기준에 못 미치는 대답만 해서 "뭐야, AI 별로네?"하고 실망한 분들이 많을 겁니다.

AI가 처음부터 마법처럼 모든 일을 뚝딱 해줄 거라

는 환상을 버리고, 나는 AI란 신입사원을 고용한 상사라고 생각하면 좋습니다. 신입사원에게 일을 시킬 때도 명확한 업무 지시를 내리고, 가이드라인을 주고, 피드백을 주고받고, 검수를 해야 결과물이 나오게 됩니다. AI도 마찬가지입니다.

AI에게 일을 잘 시키기 위해서는 파레토의 법칙을 활용하세요. 원래는 19세기 이탈리아 경제학자 파레토가 '전체 부의 80%는 상위 20% 인구가 소유하고 있다'라는 부의 분포에서 발견한 원칙이지만, 이후 비즈니스, 생산성, 고객 전략 등 다양한 분야에 적용되며 폭넓게 쓰이고 있습니다. AI에게 일을 시킬 때도 AI에게 80%의 초안을 만들게 하고, 남은 20%는 사람이 지시하면서 완성해야 합니다.

처음부터 기획안을 끝까지 직접 만들려면, 자료 조사, 인사이트 도출, 구성 설계, 문장 작성, PPT 제작까지 모두 우리의 시간과 에너지를 써야 합니다. 이런 작업을 AI에게 맡겨서 초안을 빠르게 뽑아낸 다음, 우리는 인사이트 도출과 기획안 방향성을 잡아주고, 평소에 사용하던 기획안 톤앤매너와 맞는지 피드백을 줍니다. AI가 업무의 기본 프레임을 만들어주면, 사람이 핵심 방향성을 잡아주는 분업 구조로 생산성과 결과물의 품질을 최대로 높일 수 있습니다.

세 번째, 단순 AI 툴을 배우는 것이 아니라 '프롬프트적 사고'를 배워야 합니다. 여기서 말하는 프롬프트(Prompt)란, AI에게 작업을 지시하거나 질문을 입력하는 문장을 의미합니다. 예를 들어, "이 제품을 소개하는 상세페이지를 써줘" 혹은 "2030 여성 타깃의 마케팅 전략 3가지를 제안해줘" 같은 문장이 바로 프롬프트입니다.

겉보기엔 간단한 요청 같지만, 사실상 이건 AI에게 주는 브리핑이자 업무 지시서입니다. 프롬프트가 명확하고 구조적일수록, AI는 더 정확하고 설득력 있는 결과물을 도출해 냅니다. 반대로 질문이 막연하거나 정보가 부족하면, AI도 애매하고 쓸모없는 답변을 내놓기 마련입니다.

이때 중요한 건 단순히 문장을 입력하는 것이 아니라, AI가 이해하고 실행할 수 있도록 설계하는 사고방식입니다. 이것이 바로 '프롬프트적 사고'입니다. 프롬프트적 사고란, 목적을 분명히 하고, 배경을 설명하고, 원하는 형식이나 톤까지 구체적으로 설계하는 사고법입니다. 다시 말해, AI를 도구가 아니라 협업 파트너로 대우하고, 그 파트너가 제대로 일할 수 있도록 디렉팅하는 능력인 셈이죠.

우리는 앞으로 수많은 AI 툴의 등장을 경험하게 될 것입니다. 어떤 것은 몇 개월 만에 사라지고, 어떤 것은 새로운 표준이 될 수도 있겠죠. 하지만 툴이 바뀌더라도, 프롬프트적 사고는 여전히 통합니다. 마치 코딩 언어가 바뀌어도 알고리즘 사고는 여전히 유효하듯이, 프롬프트적 사고는 어떤 AI 환경에서도 적용 가능한 보편적인 사고력이자 AI 시대의 필수 기초체력입니다. 단순히 버튼 누르며 '써보는' 수준을 넘어, 어떤 AI든 내가 원하는 결과물을 만들게 디렉팅하는 힘. 그 힘은 툴이 아닌 프롬프트적 사고에서 시작됩니다.

CHAPTER 02.

AI 유니버스, AI 캐릭터성 이해하기

1. AI도 각자의 캐릭터성이 존재한다

요즘 정말 너무 많은 AI가 쏟아지고 있습니다. 하루가 멀다고 새로운 AI 서비스가 나오고, 이미지 AI, 영상 AI, 음성 AI 등 종류도 제각각입니다. 도대체 뭐부터 써야 할지 모르겠고, 써봐도 막상 제대로 쓸 줄은 모르겠고…. 헷갈리는 게 당연합니다. 이제 AI를 잘 쓴다는 것은, 단순히 많이 아는 것의 문제가 아니라, 어떻게 구성을 짜느냐의 문제로 넘어왔기 때문입니다.

AI는 이제 하나하나가 툴이 아니라 '캐릭터'에 가깝습니다. 어떤 AI는 말이 많고 똑똑하지만 감성이 부족하고, 어떤 AI는 감각적인 이미지를 잘 만들지만 말을 잘 못 알아듣고, 또 어떤 AI는 말은 별로 없지만 정보 수집 하나는 확실하게 해냅니다.

이처럼 각기 다른 성격과 능력을 가진 AI들을 한데 모아서 내가 원하는 목표를 이루려면, 마치 영화감독처럼 세계관을 먼저 설계해야 합니다. 어떤 AI를 언제, 어떤 역할로 써야 하는지까지 포함해서요.

마블 시네마틱 유니버스를 떠올리면 이해가 쉽습니다. 히어로마다 능력과 성격이 다르죠. 아이언맨은 똑똑하지만 컨트롤하기 어렵고, 닥터 스트레인지는 마법과 차원 이동에 특화되어 있고, 헐크는 무지막지한 힘이 있지만 섬세한 대화는 못 합니다. 그런데 이들의 능력이 적재적소에서 조화를 이루면 '어벤져스'가 완성되죠.

AI도 마찬가지입니다. 누구 하나가 모든 걸 다 잘하진 않습니다. 각각의 장단점과 개성을 이해하고, 서로 협업하는 AI 유니버스를 만들 때 시너지는 폭발합니다.

2. 꼭 필요한 주인공 AI들을 소개합니다

수많은 AI 툴 중, 정말 실무에서 필수로 자주 등장하는 주인공인 AI들을 소개해 보겠습니다. AI의 특장점을 한 번에 이해하기 쉽도록, 영화나 드라마의 등장인물들로 비유를 해 볼게요. 먼저, 주인공 무리에 꼭 있는 LLM(Large Language Model, 대규모 언어 모델) 3인방입니다. LLM은 쉽게 말해 엄청나게 많은 텍스트 데이터를 학습한 인공지능 언어 뇌라고 생각하면 됩니다.

사람처럼 질문에 대답하고, 글을 쓰고, 요약하고, 번역도 할 수 있죠. 챗GPT, 퍼플렉시티, 젠스파크 같은 AI가 바로 이 LLM에 기반한 서비스입니다. LLM은 단순히 똑똑한 AI가 아니라, 각자의 개성을 지닌 언어 전문가라고 생각하는 게 더 정확합니다. 그렇기에 누굴, 언제, 어떻게 부르느냐에 따라 결과물의 질도 달라집니다. 이 친구들의 캐릭터 특성을 한번 살펴볼까요?

1) 챗GPT - 모든 장르를 넘나드는 사기캐, 리더형 주인공

이 친구는 모든 장르를 넘나드는 멀티 플레이어입니다. 기획을 짜는 전략가이자, 글을 쓰는 카피라이터이고, 개발자처럼 코드를 짜기도 하며, 심지어 요즘은 이미지까지 생성할 수 있습니다.

다른 AI들이 각자의 분야에 집중해 있는 반면, 챗

GPT는 이야기의 중심을 잡고 전체를 조율하는 역할을 맡습니다. 기획안을 처음 구상할 때, 마케팅 메시지를 잡을 때, 스토리를 짤 때, 아니면 회의 아이디어 정리부터 SNS 콘텐츠, 심지어 코딩까지. 분위기 파악도 빠르고, 상대에 따라 말투나 역할도 바꾸며, 콘텐츠부터 기술까지 넘나드는 소위 말하는 '사기 캐릭터'죠.

물론, 완벽하진 않습니다. 할 줄 아는 게 워낙 많다 보니, 가끔은 깊이가 부족한 결과물을 낼 때도 있고, 너무 장황하게 말할 때도 있죠. 너무 우리의 눈치를 보느라 우리가 좋아할 만한 대답을 들고 오거나, 가끔은 거짓말도 합니다. 하지만 그런 약점조차 디렉팅만 잘 해주면 금세 잡힙니다. 챗GPT 없이는 이야기가 시작되지 않는, 여러분들의 AI 유니버스에서 가장 먼저 등장하는 메인 주인공입니다.

2) 퍼플렉시티 - 모든 정보를 꿰뚫고 있는 천재 리서치 전략가

이 친구는 스파이 영화에 꼭 나오는 리서치 천재 캐릭터라고도 할 수 있습니다. 군더더기 없이 조용하고, 감정은 드러내지 않으며, 대화에 센스가 넘치지도 않아요.

대신, 정보 수집 능력 하나만큼은 최강입니다. 통계, 경쟁사 분석, 출처 기반의 데이터 정리는 이 친구를 따라올 수 있는 AI가 거의 없습니다.

예를 들어, 시장조사나 트렌드 리포트를 써야 할 때, 혹은 새로운 사업 아이템을 구상할 때 퍼플렉시티에게 "최신 사례 알려줘", "경쟁사들은 어떤 전략을 쓰고 있어?"라고 물어보면, 수십 개의 웹 문서를 검토하고 정리된 정보가 돌아옵니다. 게다가 출처까지 명확하게 표시해 줘서, 가끔 가짜 뉴스를 전달하는 챗GPT와 달리 신뢰도가 높습니다.

논리와 증거에 기반한 냉철한 사고방식으로 프로젝트의 기초를 탄탄히 만들어주는 역할을 맡습니다. 정확한 팩트만 전달해 주기 때문에, 퍼플렉시티가 찾은 정보를 챗GPT에게 전달하면 챗GPT의 약점을 커버하는 좋은 협업을 할 수 있습니다.

3) 젠스파크 - 트렌디하고 눈치 빠른 일잘러 동료 캐릭터

젠스파크는 팀에 꼭 한 명쯤 있는, 말 안 해도 알아서 움직이는 눈치 빠른 실무자입니다. 눈치가 빠르고 손도 빠르며, 감각도 좋아서 정리할 업무가 있으면 젠스파크에게 요청하면 됩니다. "계약서 포맷이 필요한데…", "발표 자료를 만들어야 할 것 같아"라고 하면 알아서 딱 깔끔하고 센스 있게 포맷에 맞춰서 자료 준비를 해두는 스타일입니다.

특히 이 친구의 무기는 트렌드 감각과 실전형 문서 제작 능력입니다. 요즘 뭐가 유행하는지, 어떤 콘텐츠가 뜨고 있는지 여러 사이트에서 알아서 끌어와서 핵심만 정리해 줍니다. 단순 요약이 아니라, PPT, 엑셀, 워드처럼 실무에 바로 쓸 수 있는 형식으로 뚝딱 만들어주는 게 강점이죠.

퍼플렉시티가 논문이나 보고서 기반으로 공신력 있는 자료를 리서치해 온다면, 젠스파크는 그걸 보기 좋고 쓰기 좋게 다듬어서 실행 가능한 문서로 바꿔주는 실무형 동료입니다. 회의 전 요약 자료, 발표용 슬라이드, 경쟁사 비교표, 핵심 인사이트 브리핑까지 완벽하게 만들어옵니다. 한마디로 트렌디한 감각과 문서화 능력을 모두 갖춘, 실무형 일잘러 젠스파크입니다.

3. 다양한 능력을 가진 AI 어벤져스 캐릭터들

보통 어떤 AI를 쓰냐고 물어보면, 챗GPT 정도만 쓴다고 대답하는 경우가 많습니다. 하지만 성격이 다른 AI끼리 협업했을 때, 엄청난 시너지가 나기 마련입니다. 마치 어벤져스에서 한 명의 히어로만으로는 빌런을 극복하기 어렵듯, 챗GPT 같은 주인공 옆에는 각자의 능력을 갖춘 조력자 캐릭터가 함께할 때 진짜 팀워크가 완성됩니다. 이제, 여러분의 AI 어벤져스를 완성할 세 명의 AI 캐릭터들을 소개합니다.

1) 미드저니 - 미적 감각이 뛰어난 아트디렉터

미드저니는 한 줄의 프롬프트만으로도 머릿속에만 존재하던 공간, 제품, 인물, 세계관을 감각적으로 구현해 냅니다. 감각적인 이미지와 비주얼, 영상이 필요하다면 천재 아티스트 미드저니가 딱 맞습니다. 콘셉트 하나만 줘도, 감도 높은 조명, 질감, 색감까지 감탄이 나오는 비주얼을 뽑아냅니다.

제품 화보, 브랜드 무드보드, 비주얼 연출, 모델 이미지, 아트워크 등 필요한 이미지는 미드저니에게 부탁하면 마법처럼 생성해 냅니다. 최근에는 이미지뿐만 아니라 영상화까지 가능해지면서, 능력치가 두 배 이상 높아졌습니다.

다만, 예술가답게 제멋대로고 말을 잘 안 듣는 경우도 많습니다. 특히 한국어 글자를 넣어달라는 요청을 부탁하면 외계어만 나오고, 설명이 조금만 길어져도 엉뚱한 걸 그릴 때가 있죠. 하지만 이 친구는 감성과 스타일에 있어서는 누구보다 확실한 안목을 가진 캐릭터입니다. 정확한 콘셉트 키워드와 분위기만 잘 잡아주면, 누구도 흉내 낼 수 없는 결과물을 만들어냅니다.

2) VEO3 - SNS 숏폼 바이럴을 터트리는 인플루언서

VEO3는 말 그대로 요즘 숏폼 트렌드를 주도하고 있는 AI입니다. 영상 촬영도 안 했고, 모델도 없고, 카메라도 안 들었는데 프롬프트 하나만 던지면 상상 이상의 숏폼 영상이 나옵니다. 요즘 릴스, 틱톡, 쇼츠에서 화제 되는 행성을 칼로 자르는 ASMR 영상이라든지, 고양이가 셀카봉 들고 브이로그 찍는 영상 등 모두 VEO3의 작품입니다.

이 친구는 현실과 상상의 경계를 허물며, 말도 안 되는 장면을 말도 안 되는 퀄리티로 생성해 내는 AI 인플루언서형 캐릭터입니다. 그냥 단순한 영상 툴이 아니라,

콘텐츠 아이디어부터 촬영, 편집, 연출, 더빙까지 혼자 다 해내는 능력자죠. 이 모든 걸 프롬프트만으로 구현해 내는 시대가 오다니, 놀랍습니다. 심지어 기존 AI들이 취약했던 한국어 더빙까지 너무 자연스럽게 구현해 내고 있습니다.

유행을 만드는 감각, 말도 안 되는 창의적인 장면, 그리고 바이럴이 될 만한 임팩트까지. VEO3에게 맡기면 모든 SNS에서 바이럴을 만들어낼 수 있습니다.

3) 커서 - 아이디어를 실현하는 바이브 코딩 개발자

커서(Cursor)는 누군가가 아이디어만 말로 던져도, 어렴풋한 흐름까지 잡아내서 개발로 실현해 주는 개발자입니다. 기획자의 말을 누구보다 잘 이해하고, 머릿속에만 있던 아이디어를 실제 기능으로 구현해 줍니다. 기획과 개발 사이의 벽을 가볍게 넘나들며, 기획자의 말투 속 '바이브'를 코드로 읽어내는 감각을 지닌 개발자형 AI죠.

슬라이드 자동화, 노션 연동, 웹페이지 구성, 챗봇 시스템 구축, 반복 업무 스크립트까지. 챗GPT가 짜낸 기획안이 현실에서 실제로 돌아가게 만드는 건 결국 커서의 몫입니다. 다른 AI들이 아이디어와 콘텐츠를 책임진다면, 커서는 그걸 실제로 작동하는 시스템으로 바꾸는 역할을 맡습니다.

이 친구에게 지시할 때는 복잡한 개발 용어보다, "이런 흐름으로 자동화됐으면 좋겠어" 정도의 대화면 충분합니다. 커서는 그 '흐름'을 읽고 스크립트를 짜고, 코드를 쌓고, 결과물을 내놓습니다. 말보다 실행에 강하고, 설명보다 프로토타입으로 대답하는 스타일로, 무심한 듯 보여도 팀의 실무를 가장 단단하게 뒷받침하는 존재입니다.

CHAPTER 03.

프롬프트 텔링, 나만의 AI 세계관을 그려라

1. 왜 스토리텔링이 강력한 공식일까?

사람은 사실보다 이야기에 더 크게 반응합니다. "이 제품이 지금 10% 할인합니다"라는 정보보다 "이 제품은, 사고 트라우마를 극복하고 창업한 어느 20대 여성이 만든 서비스입니다"라는 이야기에 훨씬 더 마음이 움직이죠. 뇌과학적으로도, 정보를 나열할 때보다 이야기 구조를 따를 때 인간의 뇌는 더 많은 영역이 동시에 활성화된다고 알려져 있습니다.

이야기는 우리의 이해력과 몰입력, 그리고 행동 유도 능력을 모두 자극하는 포맷입니다. 목표가 뚜렷하고, 갈등이 있고, 이를 극복하는 여정이 있다는 구조는 너무 익숙해서, 무의식적으로도 내용을 따라가게 만듭니다. 그래서 전 세계 프레젠테이션, 마케팅, 교육, 심지어 리더십까지 거의 모든 분야에서 스토리텔링은 가장 효과적인 전달 방식으로 쓰이고 있습니다.

이처럼 스토리텔링은 단순한 감성의 문제가 아니라, 인간의 인지 구조에 최적화된 사고방식입니다. 그런데 흥미로운 사실은, 이 구조가 AI를 다룰 때도 똑같이 유효하다는 점입니다. 많은 사람이 AI에게 질문을 던지고 원하는 답을 얻지 못했다고 실망합니다.

하지만 그것은 AI가 부족해서가 아니라, 우리가 '지시'만 전달하고 '맥락'은 생략했기 때문입니다. AI는 인간처럼 정황을 추론하거나 암묵적인 의도를 읽는 데 한계가 있습니다. 그래서 더욱 명확한 목적, 상황, 역할, 기대 결과를 구조적으로 제시해야 제대로 작동합니다.

바로 이때 필요한 방식이 '프롬프트 텔링'입니다. 프롬프트 텔링은 AI에게 그저 지시하는 방식이 아니라, 하나의 이야기 구조를 설정하고 그 안에 AI를 캐릭터처럼 배치하는 전략적 설계 기법입니다. 문제를 해결하는 여정을 짜고, 거기에 AI를 동료로 참여시켜야 비로소 AI가

제 기능을 발휘할 수 있습니다. 즉, 우리가 질문자가 아니라 시나리오 설계자가 될 때, AI의 효율을 300% 이상 쓰게 됩니다.

2. 나만의 AI 세계관을 설계하기 위한 3가지 요소

프롬프트 텔링을 제대로 활용하고 싶다면, 단순히 문장을 잘 쓰는 기술보다 먼저 해야 할 일이 있습니다. 바로, AI들이 자신의 역할을 최대한 잘 이뤄낼 수 있도록 무대를 설계해 주는 것입니다. 전 세계 사람들의 마음을 훔친 영화나 드라마 작가들은 캐릭터들이 살아 움직이듯이 스토리를 이끌어 나간다고 표현할 때가 있습니다. 훌륭한 세계관 설계가 되어 있을 때, 그 안에서 캐릭터들이 물 만난 물고기처럼 역동적으로 움직입니다.

스토리텔링에도 필수 요소들이 있듯, 프롬프트 텔링에도 꼭 먼저 짚고 가야 하는 3가지 요소가 있습니다. 주인공을 움직일 명확한 '목표'가 있고, 그걸 방해하는 '빌런'이 존재하며, 이를 해결하기 위한 '여정'이 펼쳐집니다. 목표, 빌런, 여정을 설정하는 것이 프롬프트 텔링의 출발점입니다.

1) 목표: AI란 캐릭터들과 스토리를 이끄는 동력

이야기의 중심에는 언제나 주인공의 욕망이 있습니다. 주인공이 왜 움직이는가, 무엇을 얻고자 하는가가 명확해야 이야기가 굴러갑니다. 주인공이 소중한 사람을 지키고 싶은지, 빌런이 세계 정복하는 걸 막고 싶은지, 로맨스를 찾고 싶은지, 성공한 커리어를 갖고 싶은지. 이 목표에 따라서 캐릭터들이 한 시나리오 속에서 움직이게 됩니다.

마찬가지로 프롬프트 텔링에서도 가장 먼저 설정해야 하는 건 바로 '내가 AI를 활용해서 무엇을 이루고 싶은가?'라는 목표입니다. 이 목표가 불분명하면, 프롬프트도 막연해지고, AI의 응답도 애매해질 수밖에 없습니다.

목표는 단순한 업무 요청이 아니라, 내가 이 일을 통해 바꾸고 싶은 현실을 구체적으로 정의하는 것입니다. 예를 들어, 단순히 "SNS 콘텐츠 좀 만들어줘"라고 요청하기보다, "지금 나는 프리랜서로 독립한 지 6개월, 내 브랜드를 더 많은 사람에게 알리고 단가를 높이고 싶어. 그러기 위한 인스타그램 콘텐츠 주제가 필요해"라는 프롬프트는 하나의 분명한 목표를 제시합니다. 이 목표를 이해하는 순간, AI는 이 목표를 달성하기 위해서 명확한 로드맵을 짤 수 있게 됩니다.

실제로 제가 컨설팅하고 교육할 때, 실무에서 자주 등장하는 목표들을 예로 들어볼까요?

디자인 프리랜서 A
"브랜드 디렉터로 포지셔닝을 바꾸고 싶어. 이제는 단순 작업자가 아니라, 클라이언트와 기획부터 함께 고민하는 파트너가 되는 게 목표야. 그래서 포트폴리오를 다시 짜고, SNS 콘텐츠를 브랜딩 중심으로 재구성해야 해."

3년 차 기획자 B
"팀장에게 인정받고 싶어. '센스는 있는데 깊이가 부족해'라는 피드백이 반복돼. 그래서 이번 보고서만큼은 시장조사부터 논리 흐름까지 완벽하게 정리해서, '이 기획은 다르다'라는 말이 나오게 만들어야 해."

브랜드 마케터 C
"신제품 출시를 앞두고 있어. 내부에서는 반응이 괜찮은데, 외부 고객에게는 어떻게 매력적으로 전달할 수 있을지 고민돼. 고객 관점에서 강점을 설계하고, 콘텐츠 톤도 명확하게 잡고 싶어."

목표는 AI와의 대화에서 '방향키' 역할을 합니다. 목적지가 없으면 아무리 좋은 차를 몰아도 어디로 갈지 알 수 없듯, 목표가 없는 프롬프트는 늘 제자리걸음을 반복하게 됩니다.

그러므로 처음부터 좋은 목표를 설계하는 것이 중요

합니다. 그리고 좋은 목표를 위해선 명확한 질문들이 필요합니다. 다음과 같은 질문들을 스스로에게 던져보며, 차근차근 목표를 구체화하시면 좋습니다.

> **※ 좋은 목표 설계를 위한 질문들**
> - 지금 내가 이 일에서 이루고 싶은 최종 목적은 무엇인가?
> - 누군가에게 어떤 반응을 얻고 싶은가?
> - 이 작업이 성공적으로 끝났다고 느낄 기준은 무엇인가?

2) 빌런: 목표 달성을 방해하는 장애물을 정의해라

"적을 알고 나를 알면 백전백승이다." 이 말은 전쟁뿐만 아니라, 업무와 문제 해결에서도 똑같이 통하는 원칙입니다. 프롬프트 텔링에서도 마찬가지입니다. 내가 AI를 활용해서 이기고 싶은 게임이 있다면, 그 앞을 가로막고 있는 진짜 적, 즉 '빌런'의 정체부터 정확히 알아야 합니다.

많은 사람은 문제를 겉으로 드러난 증상만 보고 판단합니다. "시간이 없어", "자료가 부족해", "아이디어가 안 떠올라" 같은 말들이 대표적이죠. 하지만 AI에게 이런 막연한 상황만 전달하면, 돌아오는 답변도 애매하고 표면적이기 마련입니다. 진짜 문제를 풀고 싶다면, 표면적인 증상이 아니라 근본적인 원인을 파악해야 합니다. 앞서 소개한 경우들의 빌런들을 하나씩 살펴보겠습니다.

먼저 디자인 프리랜서 A의 경우, 목표는 브랜드 디렉터로 포지셔닝을 바꾸는 것입니다. 하지만 그 앞을 가로막고 있는 빌런은 다음과 같습니다.

① 기존 포트폴리오가 디자인 결과물 위주로 구성되어 있어, 클라이언트는 그냥 디자이너 중 하나로 인식합니다.

② SNS 콘텐츠도 미감 중심이라, 전략적 사고나 브랜딩 관점이 드러나지 않죠.

③ 기획을 주도할 수 있는 역량을 보여주는 증거물이 없기 때문에, 가격 협상에서도 주도권을 잡기 어렵습니다.

장애물을 파악했다면 단순히 "콘텐츠 써줘"가 아니라, "나의 브랜드 관점을 보여주는 콘텐츠 기획안을 3가지 만들어줘"라는 프롬프트가 필요해집니다.

3년 차 기획자 B의 경우, 팀장에게 인정받고 싶고, 전략적으로 깊이 있는 기획서를 만들고자 합니다. 그러나 반복되는 피드백의 이면에는 이런 빌런이 숨어 있습니다.

① 시장조사나 레퍼런스 수집 없이 감각만으로 기획안을 구성하다 보니 논리 구조가 약합니다.
② 문서 작성 능력이 부족해 핵심 메시지가 흐려지고, 설득력이 떨어집니다.
③ 기획 흐름이 직관적이지 않아 상사가 "이건 왜 여기서 나오지?"라는 의문을 자주 갖게 됩니다.

이때 필요한 프롬프트는 "기획서 써줘"가 아니라, "이런 주제에 관한 레퍼런스와 트렌드 분석을 기반으로 논리 흐름을 구성해줘"여야 합니다.

마지막으로 브랜드 마케터 C는 신제품을 출시하려는데, 내부에서는 좋은 평가를 받았지만 외부 고객에게는 메시지가 와닿지 않을까 걱정입니다. 그의 빌런은 다음과 같습니다.
① 제품의 강점을 내부 용어로만 설명하고 있어, 고객 관점의 언어로 해석되지 않았습니다.
② 콘텐츠 톤이 일관되지 않거나, 브랜드 핵심 메시지가 중심을 잡지 못하고 흩어져 있습니다.
③ 소비자의 페르소나 분석 없이 마케팅이 기획되고 있어, 콘텐츠의 공감력이 떨어집니다.

이럴 때는 "신제품 카피 써줘"보다, "2030 여성 직장인을 위한 설득력 있는 브랜드 핵심 메시지를 구성해줘"라는 프롬프트가 훨씬 정교하고 유의미합니다.

빌런, 즉 장애물을 정확히 정의한다면 AI의 답변과 솔루션도 더 뾰족해질 수밖에 없습니다. 문제를 모르고 던지는 프롬프트는 화살을 눈감고 쏘는 것이라면, 문제를 정확히 짚은 프롬프트는 저격수가 명중률 100%로 쏘는 정확한 한 발이죠. 다음 3가지 질문을 통해 나의 빌런은 누구인지 정확히 파악해 봅시다.

> **※ 나의 '빌런'을 찾기 위한 3가지 질문**
> - 내가 가장 자주 멈추게 되는 지점은 어디인가?
> - 반복되는 피드백이나 시행착오의 원인은 무엇인가?
> - 문제 해결이 안 되는 이유가 '기술 부족'인지, '정보 부족'인지, '구조의 비효율'인지 분석해 보세요.

3) 여정: 목표 달성을 위한 로드맵을 설계하라

모든 이야기는 기승전결이 담긴 여정을 통해 완성됩니다. 주인공은 목표를 향해 나아가지만, 그 과정은 단번에 이루어지지 않죠. 장애물을 만나고, 우회하고, 때론 좌절하고, 다시 일어섭니다. 우리의 여정에도 마찬가지로 어떤 장면에서 딱 맞는 AI를 등장시킬지 미리 로드맵을 짜야 하죠.

프롬프트 텔링에서도 과업의 흐름을 장면 단위로 나누고, 장면마다 해결해야 할 문제와 AI를 잘 배치하는 것이 중요합니다. 앞서 우리가 알아보았던 AI 캐릭터마다의 능력치, 장단점을 파악해서 제때 등장시키는 것이죠.

실무에서 우리가 흔히 사용하는 프로세스, 기획 플로우, 보고 체계, 제작 단계 같은 요소들이 모두 프롬프트 텔링 기반의 로드맵으로 전환될 수 있습니다. 앞서 살펴본 각각의 경우에서는 어떤 로드맵이 펼쳐질 수 있을까요?

디자인 프리랜서 A의 여정은 브랜드 디렉터로 포지셔닝을 바꾸는 것을 목표로 합니다.

① 정체성 정의: 챗GPT에게 "나의 디자인 철학과 차별점을 브랜딩 관점에서 정리해줘."

② 콘텐츠 기획: 챗GPT에게 "이 정체성을 보여줄 수 있는 콘텐츠 주제를 열 가지 뽑아줘."

③ 비주얼 설계: 미드저니에게 "각 콘텐츠 주제를 시각적으로 표현할 수 있는 이미지 콘셉트 만들어줘."

④ 포맷 정리: 젠스파크에게 "이 콘텐츠들을 포트폴리오 PPT 슬라이드 형식으로 정리해줘."

3년 차 기획자 B의 여정은 상사의 신뢰를 얻는 전략 기획서를 완성하는 것을 목표로 합니다.
① 자료 수집: 퍼플렉시티에게 "이 주제 관련 최신 사례와 통계 자료 정리해줘."
② 논리 구조화: 챗GPT에게 "이 자료를 기반으로 문제 정의 – 해결 방안 – 효과까지 흐름 잡아줘."
③ 문서화: 젠스파크에게 "이 흐름을 기반으로 보고서 형식 목차와 본문 초안 구성해줘."

브랜드 마케터 C의 여정은 고객이 매력을 느끼는 제품 콘텐츠를 설계하는 것을 목표로 합니다.
① 타겟 분석: 챗GPT에게 "2030 여성 직장인이 공감할 수 있는 언어로 제품 강점을 5개 말해줘."
② 감성 시각화: 미드저니에게 "이 감성을 담은 제품 연출 이미지를 생성해줘."
③ 콘텐츠 영상화: VEO3에게 "이런 스토리라인 기반의 15초 바이럴 영상을 만들어줘."

볼 수 있듯이, 사람마다 로드맵이 각각 다르게 펼쳐집니다. 중요한 것은 정체성 정의, 자료 수집, 타겟 분석 등 각 로드맵에 필요한 핵심 키워드를 구체화하고, 그것을 적절한 AI에게 전달하는 것입니다.

이처럼 어떤 업무에 어떤 AI를 배치하고, 어떤 순서로 협업시킬지를 설계하는 것. 이제 우리는 AI를 연출하고 협업하게 만드는 디렉터가 되어야 합니다. 로드맵을 설계하기 위해 다음 질문들을 활용해 보세요.

> **※ 프롬프트 텔링 로드맵을 설계할 때 고려할 질문들**
> - 이 업무를 해결하려면 어떤 순서로 단계를 밟아야 할까?
> - 각 단계에서 무엇이 가장 큰 장애물인가?
> - 그 장애물을 해결할 수 있는 AI는 누구이며, 어떤 형식의 도움을 줄 수 있을까?

3. AI 캐릭터의 구체적인 프로필 설정 완성하기

프롬프트 텔링에서 가장 중요한 건 '캐릭터'가 실제로 살아 움직이도록 만드는 것입니다. 앞에서 설정한 AI 캐릭터들의 성격과 역할이 아무리 명확해도, 실무에서 매번 그 특징을 다시 설명해야 한다면 비효율적입니다. 그래서 필요한 단계가 바로 '챗GPT 맞춤 설정'입니다. 이 기능을 활용하면, 우리가 설계한 AI 캐릭터를 실제 팀원처럼 고정 설정할 수 있습니다.

맞춤 설정은 일종의 AI에게 주는 인물 프로필 시트입니다. 챗GPT에게 "너는 누구고, 어떤 말투로, 어떤 역할을 해야 해"라고 설정해 두면, 대화마다 말하지 않아도 AI가 이 프로필을 기억하고 맞춰서 반응하게 됩니다.

챗GPT에 접속해서 좌측 하단의 프로필을 클릭하면, '개인 맞춤 설정'이라는 옵션이 있습니다. 해당 옵션을 클릭하면 팝업창이 뜨게 됩니다. 아래 질문 항목들을 살펴볼게요.

1) 챗GPT가 어떻게 불러드리면 좋을까요?

캐릭터가 디렉터인 우리를 어떻게 불러줄지 설정하는 옵션입니다. 가볍게 어떤 호칭으로 불리고 싶은지 적어주면 됩니다. 예를 들어, 로사장, 김다솔 등 닉네임 또는 이름, 호칭을 정해보세요.

2) 어떤 일을 하고 계신가요?

사용자인 나의 배경과 직업을 간단히 소개하는 항목입니다. 챗GPT가 내 업무 지시를 더욱 잘 이해할 수 있도록 맥락을 제시합니다. 저의 경우 디자인 에이전시 대표, AI 교육 브랜드 운영 중, AI 콘텐츠를 제작하는 인플루언서 등인데, 자신에게 필요한 업무를 고려하여 적절한 답변을 적어보세요.

3) 챗GPT가 어떤 특성을 지녔으면 하나요?

이 항목은 챗GPT의 말투, 성격, 업무 스타일을 직접 설계하는 부분입니다. 우리가 앞서 설정한 캐릭터 시트를 바탕으로, 구체적으로 작성하면 됩니다. 예를 들어 다음과 같이 설계해볼 수 있습니다.

"넌 트렌드에 민감하고, 브랜드 감각이 뛰어난 10년 차 콘텐츠 디렉터야. 설명은 직관적이고, 표현은 감성적이면서도 과하지 않아. 콘텐츠의 결을 이해하고, 후킹하는, 상상력을 자극하는 문장을 잘 써. 너무 딱딱하지 않게, 친근한 말투지만 전문성 있는 내용을 전달해. 그리고 매 대화 끝에 인사이트 있는 팔로우업 질문을 Q1, Q2, Q3 형태로 질문해줘."

이렇게 구체적으로 챗GPT에게 요청하면, 챗GPT는 매 대화에 이 설정을 기억하고 대답을 해줍니다. 제가 마지막에 "팔로우업 질문을 Q1, Q2, Q3 형태로 질문해줘"라고 요청을 했는데요. 이렇게 챗GPT 맞춤 설정을 해두면, 매 대화창에 다시 요청하지 않아도 알아서 연계 질문을 3가지 던져줍니다. 우리는 편하게 'Q1' 이렇게 대답만 해도 챗GPT와의 대화를 이어갈 수 있죠.

4) 챗GPT가 당신에 대해 알아야 할 다른 정보가 있나요?

이 항목에서는 나의 관심사, 가치, 선호 사항뿐만 아니라 챗GPT에게 '내가 이루고 싶은 목표'를 공유합니다. 챗GPT가 사용자의 목적지와 방향성을 명확하게 인지하면, 더 훌륭한 팀워크를 이룰 수 있습니다. 예를 들어 저는 다음과 같이 입력했습니다.

"나는 개인 브랜딩을 강화해서 AI 인플루언서가 되고 싶어. 5년 차 사업가로서, AI를 회사 시스템에 적극 도입하면서 얻은 실전 노하우를 공유할 거야. 내 타겟은 AI 노하우에 관심 있는 브랜드 대표, 프리랜서와 직장인이고, 최종 목표는 이들에게 딱 맞는 AI 강의나 디지털 상품을 제공하고 싶어. 나만의 퍼스널 브랜드 스토리와 가치가 담긴 콘텐츠를 만들어야 해. 인스타그램, 블로그, 유튜브 등 각 채널에 맞는 톤으로 메시지를 풀어낼 수 있게 도와줘. 그때그때 트렌드를 반영하면서도, 너무 흔한 콘텐츠가 되지 않게 내 방향성을 유지해줘."

    지금까지 우리는 프롬프트 텔링을 위해 AI 캐릭터성을 이해하고, 세계관을 설계하고, 무대를 세팅했습니다. 다음 장에서는 이 세계관을 바탕으로, 어떤 구조로 프롬프트를 설계해야 AI가 완벽히 몰입하고 움직이게 할 수 있는지, 본격적인 '프롬프트 텔링' 공식들을 풀어보려 합니다. 이제, 이야기를 본격적으로 시작해 볼까요?

2부

프로의 비밀, 프롬프트 텔링 공식

CHAPTER 01.

실패하는 프롬프트
vs 성공하는 프롬프트

1. AI가 말을 안 듣는다면, 프롬프트가 잘못됐다

AI를 쓸 때 많은 사람들이 착각하는 게 하나 있습니다. 그냥 질문만 던지면, 알아서 AI가 마법처럼 해결해 줄 거라고 기대하는 겁니다. "SNS 콘텐츠 추천해줘", "기획안 써줘", "아이디어 좀 줘봐"처럼 툭 던지기만 하면, 뭔가 멋지고 뾰족한 대답이 돌아올 줄 아는 거죠. 하지만 돌아오는 건 대부분 뻔하거나, 동문서답이거나, 도무지 써먹기 힘든 결과물입니다.

그래서 많은 이들이 실망합니다. "이거 왜 이래?", "AI가 이 정도밖에 안 되네". 하지만 AI가 멍청해서 그런

게 아닙니다. 오히려 반대입니다. 지금 우리가 쓰고 있는 생성형 AI는 수십억 개의 문서를 학습한 초거대 언어 모델입니다. 질문에 엉뚱하게 답했다면, 문제는 AI의 성능이 아니라 프롬프트 설계 자체에 있는 경우가 대부분입니다. 한마디로, 우리가 제대로 시키지 않아서입니다.

직장에 아주 유능한 인턴이 들어왔다고 상상해 보세요. 이 친구는 학습 능력이 뛰어나고, 손도 빠르고, 뭐든 금방 처리합니다. 그런데 상사인 내가 이렇게 말합니다. "그거 좀 정리해줘." 무슨 정리를 하라는 건지, 누구한테 보낼 건지, 어떤 형식으로, 어떤 톤으로 해야 하는지 말하지 않았다면, 인턴은 본인 기준에서 눈치껏 적당히 정리해 올 겁니다. 그 결과는 어떨까요?

당연히 기대에 못 미치는 결과물을 들고 올 겁니다. 그러면 인턴이 잘못한 걸까요? 아니죠. 내가 제대로 지시하지 않은 겁니다. AI도 마찬가지로 지시가 모호하면, 대답도 모호해집니다.

왜 그럴까요? 우리가 쓰는 생성형 AI는 사람처럼 사고하거나, 의도를 눈치채는 존재가 아닙니다. AI는 문장을 '이해'하는 게 아니라, 통계적으로 다음에 올 단어를 '예측'하는 **확률 기반 언어 모델**입니다. 이것이 바로

LLM(Large Language Model)의 핵심입니다.

쉽게 말해, AI는 '이런 문장이 입력되었을 때, 수많은 사례를 학습한 결과 어떤 단어가 다음에 나올 확률이 가장 높은가'를 계산해서 답을 이어 나가게 됩니다. 따라서 프롬프트가 모호하고 정보가 부족하면, AI는 통계적으로 가장 흔한, 무난한 평균값을 뽑아냅니다. 반대로 프롬프트가 구체적이고 구조적이면, AI는 훨씬 높은 확률로 정교한 문장을 만들어냅니다.

핵심은 AI가 '의도'를 읽는 게 아니라 '패턴'을 읽는다는 데 있습니다. 사람은 맥락을 추론하고 빈틈을 상상하지만, AI는 그런 능력이 없습니다. 그래서 당신이 맥락을 생략한 채 질문하면, AI는 빈틈을 오해하거나 아무 말이나 붙이게 됩니다.

2. 실패하는 프롬프트의 3가지 특징

제가 AI 강의를 하거나 기업 컨설팅을 가면, 꼭 나오는 질문이 있습니다. 바로 왜 이렇게 챗GPT가 내 말을 안 듣냐는 건데요. 이 질문을 들을 때마다 저는 한 가지를 먼저 확인합니다. 챗GPT가 말을 알아듣게끔 프롬트를 잘 써주셨냐는 것이죠. 실제로 살펴보면 프롬프트에서 잘못된 부분이 있습니다. 실무에서 가장 많이 마주치는 실패하는 프롬프트는 크게 3가지 유형으로 나뉩니다.

1) 맥락이 생략된 프롬프트

디자인 에이전시 대표 A는 클라이언트에게 프로젝트를 거절해야 하는 상황이었습니다. 감정 상하지 않게 부드럽게 거절하고 싶어서, 챗GPT에게 "여기 메일에 회신 좀 해줘"라고 요청했습니다. 그럼 AI가 어떻게 대답할까요?

"안녕하세요. 메일 잘 받았습니다. 좋은 하루 되세요." 당황한 A는 다시 좀 더 자세히 써달라고 요청합니다. 그러자 이번엔 이렇게 답합니다. "안녕하세요. 보내주신 내용 잘 확인했습니다. 검토 후 회신 드리겠습니다. 감사합니다."

AI는 왜 이렇게밖에 못하는 걸까요? 바로 누가 누구에게, 어떤 상황에서 어떤 의도로 보내는 메일인지에 대한 맥락이 완전히 생략돼 있기 때문입니다. 사람이라면 목소리 톤이나 앞뒤 흐름으로 유추할 수 있겠지만, AI는 텍스트 그 자체만을 기반으로 판단합니다. AI는 지금 이 메일이 견적 거절인지, 회신 요청인지, 사과 메일인지조차 모르는 상태입니다.

이런 경우에는 이렇게 프롬프트를 바꿔야 합니다. "클라이언트가 디자인 견적 요청을 보냈는데, 예산이 맞지 않아 진행이 어려워. 하지만 향후 다시 협업할 수도 있어서, 최대한 부드럽고 정중하게 거절하는 메일 회신을 써줘."

맥락을 이해한 AI는 그 상황에 딱 맞는 이메일을 써주게 됩니다. 이렇게, AI가 상황을 알 수 있도록 프롬프트를 잘 쓰는 것이 우리의 중요 역할입니다.

2) 한꺼번에 일을 시키는 프롬프트

마케터 B는 브랜드 캠페인 기획안을 준비 중입니다. 시간이 촉박한 상황이라, 챗GPT에게 한 번에 시키고 싶었습니다. "이 브랜드 조사해서 경쟁사랑 비교하고, 인사이트 뽑아서 PPT용 기획안으로 정리해줘. 결론도 간단히 요약해 주고."

AI는 어떻게 반응했을까요? "브랜드 A는 SNS 마케팅을 강화하고 있으며, 경쟁사 B는 고객 경험을 강조하고 있습니다. 두 브랜드 모두 MZ세대를 주요 타깃으로 삼고 있으며, 차별화 포인트는…." 한두 문단 길이의 산만한 요약이 전부였습니다. 구조도 없고, 시각적 포맷도 아니고, 어디에 써야 할지도 애매합니다.

AI는 한 프롬프트에 여러 임무가 들어오면 중심을 잡지 못합니다. 특히 챗GPT는 한 번의 요청에 포함되는 정보량이 많을수록, 전체 흐름을 단순화하거나 요약해 버리려는 경향이 강합니다.

챗GPT는 '토큰'이라는 개념 안에서 작동하는데, 토큰이란 하나의 문장을 구성하는 단어 조각 단위입니다. 입력 토큰이 과도하게 많아지면 AI는 앞에서 이야기한 내용을 중간에 잊어버리기도 합니다. 신입사원에게 일을 시킬 때 단계별로 지시하듯이, AI에게도 한 번에 하나씩 일을 시키는 것이 훨씬 효과적입니다.

"1단계: 브랜드 A에 대한 정보 조사해줘."
"2단계: 경쟁사 B, C와 비교해서 표로 정리해줘."
"3단계: 이 데이터를 기반으로 PPT용 기획안 목차를 구성해줘."

이렇게 단계별로 임무를 쪼개서 요청하는 경우, 각 세부 요청에 맞춰서 더 디테일하게 AI가 대답하게 됩니다. 사람도 한꺼번에 많은 일을 시키면 과부하가 오듯, AI에게도 업무를 단계별로 시킨다면 훨씬 좋은 결과물을 내줍니다.

3) WHY가 없는 프롬프트

프리랜서 콘텐츠 마케터 C는, 인스타그램에 올릴 콘텐츠가 필요했습니다. 그래서 챗GPT에게 이렇게 말합니다. "콘텐츠 아이디어 다섯 개만 줘." 그러면 AI는 뻔한 콘텐츠 소재에 대해 추천을 해줍니다. "1. 일상 속 작은 루틴 소개, 2. 아침 커피 한 잔의 감성, 3. 새해 다짐 콘텐츠, 4. 책 한 권 리뷰, 5. 퇴근 후 자기계발 팁."

어디선가 많이 본 듯한, 뻔하고 무난한 아이디어들입니다. 진짜로 쓰기엔 애매하고 평범한 소재들이죠. 이유는 간단합니다. 프롬프트에 '왜'가 빠져 있기 때문입니다. 이 콘텐츠를 왜 만들려고 하는지, 어떤 문제를 해결하고 싶은지, 누구를 설득하는 게 목적인지…. 즉, 목적이 빠진 상태에서는 AI는 무난한 평균치 대답만 내게 됩니다.

좋은 프롬프트는 이번 임무의 목표가 무엇인지 명확히 제시해 주는 것입니다. 방향성만 잘 제시해 주는 리더라면 팀원들이 믿고 잘 따라갈 수 있게 됩니다. 제품을 홍보하고 싶은 건지, 팔로워와 소통하고 싶은 건지, 브랜드 감성을 보여주고 싶은 건지 등 목적을 명확하게 지시했을 때, AI도 그 방향에 맞는 콘텐츠를 설계할 수 있습니다. 예를 들어 다음과 같이 말입니다.

"이번 주에 우리 브랜드의 신제품 미니 오브제 가습기를 인스타그램에 홍보하려고 해. 20~30대 여성 타깃이고, 감성적인 무드와 인테리어 연출에 관심 많은 고객층이야. 브랜드의 미적 감성과 제품 특징을 잘 보여줄 수 있는 콘텐츠 아이디어 5개를 추천해줘."

WHY를 알게 되면 AI는 우리 타깃을 설득하기 위한 맞춤형 콘텐츠 아이디어를 제시해 줍니다. 이렇게 실패하는 프롬프트들의 공통점만 피해도 우리의 프롬프트 퀄리티는 높아지게 됩니다. 여기서 끝이 아니라, 이제는 성공하는 프롬프트의 공식을 알아볼 차례입니다.

3. 잘 되는 프롬프트에는 '공식'이 있다

성공한 스토리텔링은 늘 '공식'에서 시작됩니다. 할리우드의 수많은 흥행작을 분석해 보면 대부분 삼막 구조 Three Act Structure를 따르고 있습니다. 도입부에서는 주인공과 세계관, 갈등이 등장하고(Act 1), 중반에는 위기가 고조되며 갈등이 깊어지고(Act 2), 마지막엔 결말과 해소가 이뤄지며 감정을 터뜨립니다(Act 3). 〈타이타닉〉도, 〈인사이드 아웃〉도, 〈어벤져스〉도 모두 이 구조로 시나리오가 구성되어 있습니다. 왜냐하면, 이 공식이 대중에게 '먹히기' 때문입니다.

이런 공식은 영화에만 통하는 게 아닙니다. 마케팅에는 AIDA, 세일즈에는 FAB, 인터뷰에는 STAR, 전략에는 SWOT이 있습니다. 수많은 시행착오 끝에 쌓인 검증된 공식이기 때문에, 높은 승률을 보장해 주는 모범 답안인 것이죠. 이 공식의 구조를 이해하고, 우리의 맥락만 얹으면, 누구든 일정 수준 이상의 결과물을 효율적으로 뽑아낼 수 있습니다. 이런 성공 공식은 AI 프롬프트에도 마찬가지로 적용됩니다.

제가 직접 수백 개의 프롬프트를 실험하고, 수강생과 고객사의 프롬프트를 코칭하면서 AI가 잘 반응하는 공식에는 일정한 패턴이 있다는 사실을 발견했습니다. 말투를 바꾼다거나, 어투를 바꾼다거나, 조금 더 구체적으로 써본다고 해서 AI의 반응이 극적으로 달라지진 않았습니다.

정말 중요한 건, 프롬프트의 '구조적 설계'였습니다. AI가 가장 잘 반응했던 프롬프트의 공통 구조를 발견했고, 6가지 요소로 정리했는데요. 바로, P-R-O-M-P-T, 프롬프트 텔링 공식입니다.

PROMPT 텔링 공식의 6가지 요소
P: Persona(역할 지정). AI에게 어떤 역할을 맡길지 정합니다.
R: Reference(참고 자료). AI가 참고할 기준이나 예시를 제공합니다.
O: Objective(목표 설정). 작업의 최종 목표를 분명히 제시합니다.
M: Mode(결과 형식). 결과물의 형식이나 포맷을 지정합니다.
P: Point of View(타깃 관점). 타깃의 시선이나 입장을 설정합니다.
T: Tone(말투). 글의 말투와 뉘앙스에 대한 가이드를 줍니다.

이 6가지 요소에 대해 이해하고, 상황에 맞게 패턴으로 조합할 줄 안다면 그 누구보다 AI를 잘 써먹는 사람이 될 것입니다. 이제 본격적으로 6가지 프롬프트 텔링 공식에 대해 살펴보겠습니다.

CHAPTER 02.

상위 1% 프롬프트 텔링 공식

1. 6가지 프롬프트 텔링 공식이란?

프롬프트 텔링 공식은 말 그대로 6가지 키워드가 합쳐져 PROMPT라는 단어를 완성하게 됩니다. Persona(역할 지정), Reference(참고 자료), Objective(목표 설정), Mode(결과 형식), Point of View(타깃 관점), Tone(말투). 이 6가지는 각각 중요한 역할을 하지만, 단순히 나열한다고 해서 좋은 결과가 나오는 건 아닙니다. 이 공식을 효과적으로 활용하기 위해서는 '핵심 구조'와 '상황별 옵션'을 구분해서 이해하는 것이 중요합니다.

가장 먼저 중심을 잡아주는 건 PRO, 즉 'Persona –

Reference – Objective'입니다. 이 3가지는 프롬프트 설계의 핵심 뼈대이자, 어떤 상황이든 반드시 포함되어야 할 기본 골격입니다.

첫 번째, Persona(역할 지정)는 AI에게 어떤 역할을 맡길지를 지정하는 것입니다. 기자처럼 써야 할지, 브랜드 매니저처럼 사고해야 할지, 혹은 친근한 친구처럼 대화해야 할지를 정해주는 것만으로도 AI의 말투와 사고방식이 달라집니다. 마치 팀원에게 "너는 지금 이 역할이야"라고 지정해 주는 것과 같습니다.

두 번째, Reference(참고 자료)는 AI에게 참고할 만한 자료나 예시를 제시하는 것입니다. 단순히 "슬로건 써줘"보다는 "예전에 반응 좋았던 이런 슬로건을 참고해"라며 자료를 추가했을 때, 훨씬 더 뾰족한 결과를 끌어냅니다. 맥락 파악을 잘하는 AI에 좋은 레퍼런스 하나로도 대답 퀄리티가 열 배 이상 차이 나게 됩니다.

세 번째, Objective(목표 설정)는 이 작업을 왜 하는지를 명확히 밝히는 것입니다. 그냥 콘텐츠를 만드는 게 아니라, 고객 전환을 높이기 위해서인지, 팔로워와의 소통을 위해서인지, 브랜드 감성을 구축하기 위한 것인지에 따라 결과물이 완전히 달라집니다. AI에게 '방향키'

를 쥐여주는 역할입니다.

여기에 상황에 따라 유연하게 더할 수 있는 요소가 바로 MPT, 'Mode-Point of View-Tone'입니다. 바로 상황에 맞춰 세부 디테일을 조율하는 역할을 하기 때문이죠.

네 번째, **Mode(결과 형식)**는 AI에게 어떤 포맷으로 결과를 출력해야 할지를 지정하는 것입니다. 표로 정리해줘, 블로그 글 형식으로 써줘, 혹은 보고서 목차만 뽑아줘 같은 형식 설정은 결과물을 바로 쓸 수 있는 형태로 만들어줍니다.

다섯 번째, **Point of View(타깃 관점)**는 AI가 누구의 시선으로, 누구를 타깃으로 콘텐츠를 구성해야 하는지를 알려주는 것입니다. 20~30대 여성 직장인, 초보 창업자, 혹은 실무를 모르는 상사 등, 타깃이 명확할수록 언어와 톤이 자연스럽게 맞춰집니다.

여섯 번째, **Tone(말투)**은 전체 말투와 분위기를 컨트롤합니다. 진지하게, 감성적으로, 재치 있게, 혹은 신뢰감 있게 등, 상황과 브랜드의 성격에 맞춰 어조를 설정하면 AI의 대답도 훨씬 일관성 있게 다듬어집니다.

프롬프트는 생각보다 어렵지 않습니다. 거창하게 쓰는 게 중요한 게 아니라, 딱 필요한 구조만 잡아주면 됩니다. 이 6가지 PROMPT 텔링 공식만 익히면, 누구든 AI를 내가 원하는 방향으로 디렉팅할 수 있습니다. 프롬프트만 바꿨을 뿐인데, AI가 기존보다 훨씬 좋은 결과물을 주는 것을 직접 경험하게 될 거예요. 그럼, PROMPT 공식을 좀 더 자세히 뜯어보겠습니다.

2. Persona, AI에게 전문가 프레임을 씌우자

사람은 누구든 역할에 따라 말투와 행동이 달라집니다. 같은 사람이더라도 친구 앞에서는 편하게 농담을 섞고, 연인 앞에서는 조금 더 사랑스러워지고, 직장 상사 앞에서는 격식을 갖추게 됩니다. 같은 내용을 전달하더라도, 누구의 입장에서 말하느냐에 따라 언어의 톤, 태도, 단어 선택, 전달 방식은 완전히 달라지죠. 이처럼 우리가 상황에 따라 입는 이 역할, 바로 그게 페르소나입니다.

AI도 마찬가지입니다. 흔히들 "10년 차 마케터처럼 써줘", "브랜드 전략가처럼 설명해줘"라고 AI에게 역할을 부여하는 걸 자주 보셨을 거예요. 이게 바로 페르소나를 입히는 행위입니다. AI에게 직무, 연차, 상황이 담긴 역할을 지정해 주는 순간, AI는 그 기대에 맞는 말투와 구조, 어휘 선택으로 반응하게 됩니다.

> **Persona 공식이 반영된 프롬프트 예시**
> - "너는 10년 차 마케팅 에이전시의 브랜드 마케터야."
> - "너는 2030 여성 타깃의 뉴스레터 에디터야."
> - "너는 IT 기기 제품을 다루는 콘텐츠 기획 전문가야."

그렇다면 왜 굳이 AI에게 역할을 지정해 줘야 할까요? 단순히 기획안 써달라고 하면 안 되는 걸까요? 여기에는 생성형 AI가 작동하는 방식에 대한 이해가 필요합니다.

AI는 사람처럼 실제 경험이나 직무 지식이 있는 게 아닙니다. 대신 수많은 텍스트를 학습하면서, "10년 차 전략가는 이런 식으로 말하더라", "컨설턴트는 이런 구조를 쓰더라"라는 언어 패턴의 통계적 확률을 기억하고 있을 뿐입니다. 우리가 '넌 지금 10년 차 브랜드 전략가야'라고 지정해 주는 순간, AI는 그 역할에 가장 자주 등장했던 말투, 표현 방식, 문장 구조를 따라가기 시작합니다. 그 결과, 말의 깊이도 달라지고 사고의 방향도 바뀌게 됩니다.

프롬프트에 아무런 역할 설정 없이 던졌을 때, AI는 최대한 평균적인 답변을 만들어냅니다. 이건 대부분의 사람이 자주 쓴 말들의 평균값입니다. 반면, 역할이 주어지면 AI는 그 역할에 적합한 패턴을 중심으로 확률을 재조정합니다. 그래서 평범한 AI가 아닌 내가 원하는 캐릭터처럼 말하는 AI로 바뀌게 되는 것이죠.

예를 들어 같은 주제라도 이렇게 달라집니다.

1) Persona 공식이 없는 프롬프트

[PROMPT] 눈 건강 영양제 상세페이지 메인카피 써줘.

눈의 피로를 덜어주는 루테인!
아스타잔틴으로 하루 종일 건강하게.
하루 한 캡슐로 간편하게 관리하세요.

→ 흔한 기능 요약형. 제품 정보는 있지만, 타깃 상황과 브랜드 뉘앙스는 전혀 고려되지 않음.

2) Persona 공식이 반영된 프롬프트

[PROMPT] 넌 지금 건강기능식품 브랜드의 8년 차 카피라이터야. 눈이 피로한 40대 직장인을 타깃으로, 루테인+아스타잔틴 제품 상세페이지 메인카피를 써줘.

"일을 멈출 수 없다면, 눈부터 지켜야죠."
하루 종일 모니터 앞에 앉아 있는 당신을 위해,
눈 속 깊은 피로까지 케어하는 조합,
루테인+아스타잔틴의 시너지 포뮬라.

→ 전문 카피라이터인 만큼, 첫 줄 헤드라인(공감+타깃포지셔닝) 기능의 컨셉화 등 구조화.

페르소나를 설정하면, AI 답변의 퀄리티를 한층 더 높일 수 있게 됩니다. 그냥 친구와 고민 상담하는 수준의 대답이 아니라, 전문가의 대답을 원한다면 꼭 첫 프롬프트에 전문가라는 역할을 부여해 주세요.

3. Reference, AI가 기준점으로 삼을 방향성을 주어야 한다

프롬프트에 페르소나를 설정했다면, 그다음은 방향을 잡아줘야 합니다. 바로 레퍼런스, 즉 참고할 만한 예시입니다. 제 회사에서도 신입사원에게 제일 강조하는 것은 레퍼런스 자료를 먼저 리서치하라는 것입니다. 디자인이나 마케팅 아이디어는 백지에서 마법처럼 떠올리기엔 너무 어렵습니다. 먼저 반응이 좋았던 다른 사례가 있는지, 이 산업에서 벤치마킹할 좋은 참고 자료가 있는지 보면서 방향성을 잡아나가는 것이 중요합니다.

AI도 마찬가지로, 아무런 레퍼런스 없이 프롬프트를 던졌을 때 누구나 쓸 수 있는 평범한 문장을 만들어냅니다. 반면, 기준이 주어지면 AI는 그 스타일, 구조, 맥락을 중심으로 확률을 조정해 더 정밀한 결과를 도출합니다. 내가 원하는 방향과 가까운 결과물을 얻고 싶다면, '어떤 기준에 맞춰서 써야 하는지'를 반드시 알려줘야 합니다.

Reference 공식이 반영된 프롬프트 예시

- "예전에 반응 좋았던 인스타 콘텐츠 사례 참고해서, 비슷한 스타일로 이번 주 콘텐츠 기획안 세 개만 뽑아줘."

- "너는 브랜드 마케터야. '29CM'나 '무신사'처럼, 감도 있고 개성 있는 슬로건 톤으로 만들어줘."

> - "이전에 만들었던 뉴스레터 구조를 참고해서,
>   이번 주 주제에 맞게 같은 형식으로 써줘."

레퍼런스가 중요한 이유는 단순히 좋은 결과물을 뽑아내기 위해서가 아닙니다. 브랜드나 콘텐츠 작업처럼 '계속해서 일관된 방향성'을 유지해야 할 때, 레퍼런스는 일종의 틀, 기준선 역할을 합니다. 우리는 매번 새로운 슬로건을 만들고, 새로운 콘텐츠를 기획하지만, 그 안에는 반드시 브랜드만의 결과 톤이 살아 있어야 하죠. 예전에 작업했던 마케팅 캠페인을 예시로 주면서 이 브랜드 이미지를 유지해달라고 하거나, 기존 상세페이지를 주면서 여기서 나온 제품 소구점을 참고해서 결과물을 만들어달라고 요청하는 방식이죠.

1) Reference 공식이 없는 프롬프트

[PROMPT] AI 관련 인스타그램 콘텐츠 아이디어 다섯 개 추천해줘.

1. 챗GPT 사용법 소개
2. Midjourney로 이미지 만들기
3. AI와 함께하는 하루 루틴
4. AI로 이메일 쉽게 쓰는 법
5. 직장인을 위한 생산성 AI 툴 소개

→ 콘텐츠 주제는 맞지만, 타깃이나 톤이 고려되지 않은 흔한 리스트업 소재들.

2) Reference 공식이 반영된 프롬프트

[PROMPT] '챗GPT로 SNS 마케팅 콘텐츠 뽑기', 'AI로 10분 만에 상세페이지 만들기'처럼 상황과 솔루션이 들어가는 AI 관련 인스타그램 콘텐츠 아이디어 다섯 개 추천해줘.

1. 회의록 정리, 아직도 수동으로 해? → 챗GPT 10초 요약법
2. 고객 리뷰 수집, 하루면 충분해요. → 노션 + AI 자동화 꿀팁
3. 팔리는 상세페이지, AI가 다 짜준다니까요?
4. 아직도 검색부터 시작하세요? → 마케터가 쓰는 퍼플렉시티 리서치 루틴
5. 바쁜 사장님을 위한 'AI 주간 루틴표' 만들기

→ 브랜드 말투나 콘텐츠 포맷을 참고해서, 실전에 쓸 수 있는 소재로 추천.

결국 레퍼런스는 AI에게 방향을 제시하는 나침반이자, 브랜드와 메시지의 일관성을 유지하게 해주는 가이드라인입니다. 처음에 잘 나온 결과물을 만드는 것도 중요하지만, 실무에서는 그것을 계속해서 '우리답게' 이어가는 것이 더 중요하니까요. 감각적인 말투, 포맷의 구조, 브랜드의 결까지, AI에게 기준을 제시해 주는 것이 Reference 공식입니다.

4. Objective, AI에게 명확한 목표를 제시하자

좋은 스토리에는 언제나 명확한 '목표'가 있습니다. 주인공이 사랑을 찾든, 세상을 구하든, 한 편의 이야기에는 늘 그 이야기를 끌고 가는 중심 동력이 존재하죠. 목표가 분명해야 갈등도 생기고, 해결도 있고, 여정도 설계됩니다. 프롬프트도 마찬가지입니다. 많은 사람이 "콘텐츠 아이디어 추천해줘", "기획안 써줘"처럼 업무만 지시하고, 왜 그걸 하는지 설명하지 않습니다.

지금, 이 기획안이나 콘텐츠는 무엇을 위해 만드는 건지, 어떤 타깃에게 어떤 효과를 주고 싶은 건지, 이 작업이 성공한 상태는 어떤 모습인지…. 이런 질문들이 빠지면 AI는 무난한 대답만 줄 뿐입니다. 목표는 AI에게 명확한 목적지를 알려주는 말입니다. 단순히 업무를 맡기는 게 아니라, 이 작업이 어디를 향해 가야 하는지, 어떤 기대 효과를 노리는지까지 공유하면 챗GPT는 목적지로 가는 최대한의 지름길을 제시해 주겠죠.

Objective 공식이 반영된 프롬프트 예시

- "이번 글은 브랜드 초보자를 대상으로 한 뉴스레터야.
  AI를 어떻게 실무에 적용할 수 있는지 인사이트 위주로 정리해줘."

- "이 PPT는 대표님 설득용이야.
  서비스 리뉴얼의 필요성을 강조해서 전략적 관점으로 정리해줘."

- "이번 인스타 콘텐츠는 팔로워를 늘리기 위한 것이 아니라,
  기존 고객에게 브랜드 감도를 각인시키는 목적이야.
  '좋아요'보단 메시지 전달이 중요해."

목표 설정이 중요한 이유는, 같은 작업이라도 '무엇을 위해 하느냐'에 따라 완전히 다른 방향으로 흘러가기 때문입니다. 예를 들어 "브랜딩 캠페인을 기획하자"라는 과제가 있다고 해도, 그 목적이 매출 상승을 위한 것

인지, 브랜드 선호도를 높이기 위한 것인지, 아니면 특정 포지션을 선점하기 위한 것인지에 따라 메시지도, 콘텐츠 구성도 달라져야 합니다. 매출이 목표라면 제품 중심의 메시지와 CTA가 중요해지고, 선호도가 목표라면 감성적 연결과 반복 노출이 핵심이 되며, 포지셔닝이라면 차별화된 메시지와 상징적 장면 설계가 우선되어야 하죠.

1) Objective 공식이 없는 프롬프트

[PROMPT] 재택근무에 대한 보고서 써줘.

재택근무의 장점: 유연한 근무시간, 출퇴근 시간 절약.
재택근무의 단점: 소통의 어려움, 생산성 저하 우려.
최근 트렌드: 하이브리드 모델 확대 중.

→ 일반적인 재택근무에 대한 전반적인 사실 위주 보고서.

2) Objective 공식이 반영된 프롬프트

[PROMPT] 이 보고서는 인사팀 팀장에게 보고할 용도야. 핵심

은 '왜 우리 회사에도 재택 제도 확대가 필요한가'를 설득해야 해.

서론: 인재 유출 방지 및 채용 경쟁력 확보를 위한 유연근무 필요성.
본문: 업계 재택근무 확대 사례 + 직원 만족도 데이터 기반 설득.
결론: 주 2회 재택 도입 시 기대 효과 요약.

→ 우리 회사 도입용 보고서 목적과 타깃에 딱 맞는 구조 + 설득력 있는 흐름.

상위 1% 프로들이 쓰는 비밀은 바로 최대 효율이 나오는 방식을 '공식화'하는 거라고 강조했는데요. 프롬프트 텔링의 공식 중 제일 중요한 구조는 바로 이 3가지입니다. 누가 말하는가(Who), 어떤 기준으로 말하는가(How), 그리고 왜 말하는가(Why). 이것이 바로 페르소나(Persona), 레퍼런스(Reference), 그리고 목표 설정(Objective) 공식이자, 프롬프트의 뼈대를 이루는 요소입니다. 이 3가지만 기억하면, 상황에 따라 PROMPT 텔링의 6가지 요소를 패턴화해서 활용할 수 있습니다. 이제 PROMPT 텔링 공식을 완성하는 나머지 키워드도 살펴보겠습니다.

5. Mode, AI에게 원하는 결과물 형식을 명확히 말해주자

챗GPT에게 업무를 시켰는데, 대답을 그대로 활용하기엔 애매한 경험 많이 겪어보셨을 겁니다. 너무 길거나, 말투가 안 맞거나, 원하는 포맷이 아니라 한참 다시 손봐야 하죠. 이유는 단순합니다. 우리가 결괏값을 어떤 '형식'으로 받고 싶은지를 정확히 입력하지 않았기 때문입니다. 프롬프트에 목표는 있었고, 톤도 설정했지만, 어떤 포맷으로 출력해야 하는지를 말하지 않았다면, 챗GPT는 말 그대로 텍스트만 던져줄 뿐입니다.

Mode 공식이 반영된 프롬프트 예시

- "이건 인스타그램 피드용 콘텐츠야.
  한 문단은 세 줄 이내, 후킹 문장으로 시작해줘."

- "리서치 자료 정리해서 보고서 형태로 bullet point로 정리해줘. 제목-요약-사례-결론 순으로."

- "이 글은 뉴스레터에 들어갈 거야.
  제목-인트로-본문-마무리 순으로, 구어체로 써줘."

실무에서 가장 중요한 건 바로 써먹을 수 있는 결과물입니다. SNS 글이면 줄 바꿈까지 반영된 문장, PPT 기획이면 슬라이드에 들어갈 구조, 표면적 아이디어가 아니라 실제로 옮겨 쓸 수 있는 형태 말이에요. 단순한 정보 나열이 아닌, 인스타그램에 올라갈 콘텐츠의 피드 캡션용인지, 웹사이트에 올라갈 회사 소개인지, 투자자들에게 발표할 투자 제안서인지에 따라서 출력값이 완전히 달라집니다. SNS 포맷이라면 좀 더 격식 없고 친근하게 이모티콘을 섞어도 되지만, 중요한 투자 제안서라면 전문성 있는 비즈니스 문체여야겠죠.

1) Mode 공식이 없는 프롬프트

[PROMPT] 우리 브랜드랑 경쟁 브랜드 비교해줘.

브랜드 A는 감성적인 메시지를 강조하고, 비주얼 중심의 콘텐츠를 사용해.
브랜드 B는 실용성을 강조하며, 가격 경쟁력이 강점이야.
우리 브랜드는 따뜻한 브랜드 스토리와 고객 경험을 강조해.

→ 정보는 맞지만, 형식이 없어 복사해도 쓰기 어려운 비정형 서술 정리.

2) Mode 공식이 반영된 프롬프트

아무리 좋은 정보라도, 실무에 바로 쓸 수 없으면 결국 직접 수정을 거쳐야 합니다. 채널에 쓸 건지, 어떤 포맷으로 보여줘야 하는지, 이 결과물이 복사해서 붙여 넣을 수 있을 만큼 정리돼야 진짜 쓸모 있는 답이 됩니다. 챗GPT에게 묻기 전에 스스로 한 번 더 생각해 보세요. "이걸 어디에 붙여 쓸 건데?" 최대한 우리가 수정하지 않아도 되는 완성본을 받아낼 수 있게 될 겁니다.

[PROMPT] 경쟁 브랜드 비교 자료를 PPT에 쓰려고 해. 브랜드명, 타깃, 톤앤매너, 차별점 기준으로 표 형식으로 정리해줘.

브랜드명	타깃	톤앤매너	차별점
A 브랜드	20대 여성	감성적, 세련된	비주얼 중심 브랜딩, 컬러 전략 뚜렷
B 브랜드	30대 남성	실용적, 직설적	가격 경쟁력, 기능 강조 캠페인
우리 브랜드	20~30대 여성	따뜻하고 친근한	고객 스토리 중심 콘텐츠, 체험형 후기

→ [내용 추후 보완]으로, 실무에서 활용도 높은 결과물.

6. Point of View, 누가 AI의 글을 보게 될 것인지 말해주자

같은 정보를 전달해도, 누가 보느냐에 따라 말투와 뉘앙스는 완전히 달라져야 합니다. 2030 여성 직장인을 타깃으로 한 SNS 콘텐츠와, 경영진에게 보고하는 비즈니스 문서가 같은 어휘와 구조로 쓰일 수는 없죠. 이렇게 관점에 따라 문장이 완전히 바뀌기 때문에, 이 글을 읽게 될 타깃을 명확히 설정하는 프롬프트의 역할이 클 수밖에 없습니다.

초등학생을 대상으로 한다면 "이걸 먹으면 하루 종일 힘이 나요!" 같은 쉬운 표현과 감탄사 중심의 말투가 어울리고, 시니어 타깃이라면 "부담 없이 섭취할 수 있는 순한 성분으로 구성되어 있습니다"처럼 안정감과 신뢰를 주는 톤이 필요합니다. 이 글을 읽게 되는 사람의 눈높이에 맞추는 타깃의 관점을 강조하는 것이 중요합니다.

Point of View 공식이 반영된 프롬프트 예시

- "이건 6세 이하 자녀를 둔 부모가 보는 인스타 피드야.

감정적으로 신뢰를 주면서, 아이 건강에 진심이라는 느낌을 줘."

- "이건 대학생을 위한 AI 스터디 콘텐츠야.
  가볍고 위트 있게, 친구끼리 주고받는 말투로 써줘."

- "이건 30대 직장인을 타깃으로 한 유료서비스 홍보야.
  실용성과 비용 대비 효과를 강조해서 설득해줘."

- "이건 시니어층 고객을 위한 제품 설명이야.
  전문 용어는 빼고, 조심스럽고 정중한 톤으로 안내해줘."

1) Point of View 공식이 없는 프롬프트

[PROMPT] 비타민 제품에 대한 소개 카피 써줘.

매일 한 알로 활력을 채워보세요.
필요한 영양소를 균형 있게 담은 프리미엄 비타민.
건강한 하루의 시작을 지금 만나보세요.

→ 깔끔하지만 누구에게 말하는지 불분명한 전형적인 카피.
→ 말투나 뉘앙스, 감정선이 모두 무난함. 공감 포인트 없음.

2) Point of View 공식이 반영된 프롬프트

[PROMPT] 이 비타민 제품은 초등학생 자녀를 둔 부모가 볼 상세페이지에 들어갈 문구야. 아이가 거부감 없이 챙겨 먹을 수 있고, 부모 입장에선 믿을 수 있는 느낌을 주는 문장으로 써줘.

"맛있어서 먼저 찾는 하루 한 알!"

아이도 거부감 없이, 엄마는 안심하고 챙겨줄 수 있는 영양 습관.
어린이 전용으로 설계된 순한 성분까지, 안심하세요!

→ 아이와 부모의 동시 만족이라는 소구 포인트가 명확함.
→ 말투, 내용, 표현 모두 '엄마가 읽는 글'이라는 관점에 최적화.

좋은 프롬프트는 무엇을 말할지보다 먼저, 누가 이 말을 듣게 될지를 고려하는 것부터 시작해야 합니다. 타깃이 뚜렷할수록 AI의 대답도 그만큼 구체적입니다.

7. Tone, AI의 말투와 분위기를 설계하자

내가 보여지고 싶은 이미지에 따라서 말투나 분위기를 조정하는 것은 큰 차이를 만들어냅니다. 예를 들어, 감성적인 무드를 강조하는 브랜드는 "당신의 하루 끝에,

잔잔한 위로가 되기를 바라요"처럼 부드럽고 정서적인 언어를 사용합니다. 반면, 실용성과 전문성을 강조하는 브랜드는 "이 제품은 고효율 모터를 탑재해 소음은 줄이고 성능은 극대화했습니다"처럼 팩트 중심의 설명을 선호합니다. 10~20대 MZ 세대를 타깃으로 한 브랜드는 "요즘 이런 거 안 써보면 손해예요!"처럼 가볍고 캐주얼한 말투를 사용하기도 하죠.

같은 메시지라도, 톤과 분위기에 따라 브랜드의 인상이 완전히 달라지기 때문에, AI에게 요청할 때도 어떤 말투와 어조로 이야기해야 할지를 명확히 지정해 주는 것이 중요합니다.

Tone 공식이 반영된 프롬프트 예시

- "이건 20대 여성을 타깃으로 한 SNS 콘텐츠야.
  밝고 경쾌한 말투로, 친구에게 말하듯 써줘."

- "이건 브랜드 CEO의 인사말이야.
  책임감 있고 단단한 어조로, 존중감을 주는 말투로 정리해줘."

- "이건 감성적인 라이프스타일 브랜드야.
  서정적이고 섬세한 문장으로 표현해줘."

실제로 AI가 써준 문장을 보고 "뭔가 딱딱하다", "이상하게 상업적이다", "이 브랜드랑 어울리지 않는다"고 느껴본 경험은 누구나 한 번쯤은 있을 겁니다.

그 이유는 정보가 틀려서가 아니라, 올바른 브랜드 톤이 설정되지 않아서입니다. 특히 브랜드 글쓰기나 콘텐츠 마케팅처럼 일관성과 감성 터치가 중요한 작업일수록 브랜드 톤 설정은 선택이 아니라 필수입니다.

1) Tone 공식 없는 프롬프트

[PROMPT] '하루 루틴의 중요성'에 대해 유튜브 쇼츠용 스크립트 써줘.

하루 루틴을 지키는 것은 자기 효율을 높이는 좋은 방법입니다.
규칙적인 생활은 목표 달성에 도움이 됩니다.

작은 습관이 모여 큰 성과로 이어질 수 있습니다.

→ 초반 몇 초 만에 후킹해야 하는 쇼츠에 적합하지 않은 다큐멘터리 톤.

2) Tone 공식 반영된 프롬프트

[PROMPT] '하루 루틴의 중요성'에 대해 유튜브 쇼츠용 스크립트 써줘.

문장은 짧고 후킹하게, 임팩트 있는 톤을 유지해.

"하루가 망하는 건, 아침 10분 때문인 거 아셨나요?"
일어나자마자 폰? 안 되죠!
물 한 잔, 산책, 그리고 계획.
이 3가지가 오늘의 승패를 가릅니다.
대단한 걸 하라는 게 아니라,
작은 루틴이 인생을 바꾼다는 거죠.

→ 초반에 후킹하기 위한 임팩트 있는 문장으로 시작해서,
빠르고 짧게 멘트들이 구성됨.

특히 브랜드 콘텐츠나 블로그, 보고서처럼 일관된 스타일이 중요한 작업에서는 톤이 전체 퀄리티를 좌우합니다. 예를 들어, 같은 브랜드 SNS인데 글마다 말투가 다르다면 사람들은 혼란을 느끼게 되겠죠. 원하는 톤을 미리 명확히 설정해 두면 글의 일관성과 전문성을 유지할 수 있습니다.

CHAPTER 03.
상황별 모듈형 프롬프트 완성하기

앞서 PROMPT 텔링 공식에 들어가는 6가지 요소를 살펴보았습니다. 기본적인 틀로 PRO는 필수로, 그리고 상황에 따라 MPT를 조합하는 방식으로 프롬프트를 구성할 수 있습니다. 간단하게 아래 공식으로 기억하면 됩니다.

프롬프트 필수 요소, PRO
P(Persona): 너의 역할은 무엇인가?
R(Reference): 어떤 정보를 참고하면 좋은가?
O(Objective): 어떤 목표를 이루길 원하는가?

추가 선택 조합, MPT
M(Mode): 어떤 포맷으로 보여줄까?

P(Point of View): 누구의 입장에서 보는 결과물인가?
T(Tone): 어떤 말투, 스타일, 톤으로 쓸 것인가?

그렇다면, 상황별로 어떨 때 PROMPT 텔링 공식에 맞춰서 프롬프트를 조합하면 될지 예시로 보여드리겠습니다.

1. 여행 일정 계획할 때 활용하는 프롬프트 공식

여행 일정을 짤 때 가장 머리가 복잡한 순간은 하루 일정을 구성할 때입니다. 어디를 먼저 가야 동선이 좋을지, 너무 무리하지는 않을지, 밥 먹을 곳은 주변에 있는지까지 계산하다 보면 정작 여행 전부터 지치기 마련입니다. 특히 처음 가보는 나라라면 더 막막해집니다. 가이드북을 읽어도 감이 잘 안 잡히고, 검색 결과는 많지만 내 상황에 맞게 정리된 정보는 찾기 어렵습니다.

이때 챗GPT와 함께 효율적으로 여행지 일정을 짜볼 수가 있는데요. 단순히 여행 일정을 짜달라고 요청하고 끝이 아니라, 하루 일정표와 준비해야 할 체크리스트도 함께 정리해달라고 명확한 형식까지 주면 좋습니다. 기본적인 PRO 공식에서 형태와 입장까지 추가한 PROMP 공식으로 프롬프트를 구성해 보겠습니다.

[여행 일정 프롬프트 구조] PRO+MP

P(Persona): 10년 차 여행사 직원
R(Reference): 여행지 정보, 여행 기간
O(Objective): 친구와 함께 태국 휴양지에서 쉬는 여행
M(Mode): 아침-저녁까지 여행 시간표 + 준비물 체크리스트
P(Point of View): 관광지보다 새로운 곳을 즐기는 여행객

여기서 포인트는 일반적인 관광 루트를 원하는 것이 아니라, 친구와 함께 태국 여행지에서 쉬는 것이 목표(Objective)고, 로컬들만 아는 새로운 곳을 찾는 재미를 원하는 여행객(Point of View)의 입장을 명시하는 것입니다. 일반적인 방콕의 관광지 리스트가 아닌 푸켓에서의 신선한 경험을 할 수 있는 시간표와 체크리스트가 나오게 됩니다.

[PROMPT]

(여행 첫째 날 일정표 첨부) 너는 10년 차 여행사 직원이야. 이번에 태국 여행 3박 4일로 친구와 떠나는데, 첫째 날 일정을 참고해서 둘째 날 일정이랑 동선을 구성해줘. 휴양지를 좋아하고 관광지보다 새로운 곳을 즐기는 여행객을 위한 시간대별 일정표랑, 체크리스트도 함께 정리해줘.

[결과물 예시]

태국 푸켓 - Day 2 일정

시간대	장소	설명
08:00	리조트 조식 (로컬 퓨전 메뉴 위주)	평소와 다른 메뉴에 도전. 망고 스티키라이스와 똠얌죽 추천
09:30	리조트 내 요가 클래스 or 해변 명상	매트와 물 제공. 조용한 공간에서 하루를 차분히 시작
11:00	보트 투어 (로컬 마켓+비밀 비치 포함)	대형 투어 대신 6인 이하 소규모 보트 투어 예약. 현지인의 숨은 스팟 위주
14:00	올드타운 감성 카페 탐방	푸켓 타운 중심의 복고풍 카페에서 커피와 디저트. 한두 곳이면 충분
16:30	리조트 풀사이드 휴식	일몰 전에 음악 들으며 칵테일 한잔. 잔잔한 플레이리스트 추천
18:30	미쉐린 빕 구르망 로컬 레스토랑	현지에서 사랑받는 곳 중심. 예약 필수
21:00	야외 재즈 바 방문	관광지 중심이 아닌, 현지인들이 가는 소규모 라운지에서 마무리

[체크리스트]

☐ 요가클래스 예약 여부 확인(장소/시간)
☐ 보트투어 업체 선택 시 인원 제한/후기 체크
☐ 카페는 푸켓 타운 골목 안쪽 위치 미리 지도 저장
☐ 레스토랑은 도보보다 차량 추천, 교통 혼잡 시간대 확인
☐ 재즈 바는 음료 주문 기준 및 드레스코드 여부 확인
☐ 썬크림, 미스트, 작은 가방 준비(이동 간 필수품 소지용)
☐ 카메라 또는 감성 사진 필름 앱 사전 설치

2. 회의록 정리할 때 쓰는 프롬프트 공식

회의록 정리는 은근히 시간이 오래 걸리는 일입니다. 회의 시간 동안에도 누군가는 말 따라가며 빠르게 타이핑을 해야 하고, 회의가 끝난 뒤에는 또 정리하느라 한 번 더 시간을 써야 하죠. 그나마 발언이 명확하게 오간 회의면 다행인데, 말이 겹치거나 흐름이 엉키기라도 하면 내용 파악조차 쉽지 않습니다. 결국 한 시간 회의 하나 정리하는 데 30분 이상을 쓰는 경우도 많습니다.

하지만 이제는 이 과정을 프롬프트 한 줄로 끝낼 수 있습니다. 회의 내용을 통째로 복사해서 붙여 넣고, "담당자별로 해야 할 일만 정리해줘"라고 요청하면 됩니다.

말이 많았던 회의, 주제가 왔다 갔다 했던 회의도, 핵심만 깔끔하게 정리된 표로 돌아옵니다.

[회의록 정리 프롬프트 구조] PRO+MT

P(Persona): 전략 컨설턴트
R(Reference): 회의 전체 대화 내용
O(Objective): 이번 캠페인을 위해 담당자별 할 업무를 정리
M(Mode): 회의록에서 사용되는 두괄식 포맷
T(Tone): 명확하고 간결하게, 보고서체 문장

제 회사에서는 온라인 미팅을 할 때는 녹음 기능과 자동 대본 기능을 활용해서 회의 내용을 텍스트 파일로 다운받습니다. 오프라인 미팅 때는, 클로바 AI를 활용해서 녹음 내용을 텍스트로 변환하는 기능을 활용하는데요. 전체 대화 내용을 챗GPT에 넣고 아래 프롬프트를 입력해서 우리가 원하는 회의록 포맷으로 결과물을 만들어 달라고 요청합니다.

[PROMPT]
(회의 내용 텍스트본 첨부) 너는 전략 컨설턴트야. 아래 회의록 내용을 담

당자별로 해야 할 일 중심으로 요약해줘. 회의록에서 사용되는 두괄식 포맷으로, [상황], [문제], [해결 방향]에 따라 명확하고 간결한 보고서체 문장으로 작성해줘.

[결과물 예시]
[회의명] 2025년 8월 1주 차 여름 시즌 캠페인 점검 회의

[담당] 마케팅팀
[상황] 여름 시즌 주요 제품군 판매율이 전년 대비 12% 하락함.
[문제] SNS 유입률은 증가했으나, 실제 전환율은 평균 1.2%로 낮은 수준 유지됨.
[해결 방향] 기능 중심 메시지 대신, 타깃 고객의 일상과 연결된 콘텐츠 전략으로 방향 전환. 8월 1주 차까지 시리즈형 콘텐츠 기획안 제출 예정.

[Next Step]
- 유입률과 전환율 데이터를 비교 분석한 간략 보고서 작성(7/31까지)
- 인스타그램, 블로그, 유튜브 채널별 콘텐츠 방향성 정리
- 타깃 인터뷰 또는 댓글 기반 페르소나 업데이트 초안 준비
- 콘텐츠 기획안 1차 안 작성 및 내부 공유(8/1까지)

3. 검색 최적화된 블로그 글을 작성할 때 쓰는 프롬프트 공식

블로그 글을 쓸 때 가장 막막한 건 첫 문장보다 전체

구조를 어떻게 잡을지입니다. 특히 정보성 콘텐츠는 제목, 소제목, 핵심 키워드, 마무리까지 모두 전략적으로 설계되어야 검색 유입이 생깁니다. 그렇다고 매번 키워드 조사를 하고, 글의 뼈대부터 문장까지 다 혼자 짜는 건 생각보다 시간과 에너지를 많이 씁니다.

특히 네이버 블로그에서 검색 유입을 받으려면, 단순히 좋은 글을 쓰는 것만으로는 부족합니다. SEO(Search Engine Optimization), 즉 검색 최적화를 반드시 고려해야 합니다. 쉽게 말해, 사람들이 검색할 만한 단어를 글 제목과 본문에 적절히 포함시키고, 검색 알고리즘이 좋아하는 구조로 블로그 글을 써야 하죠. 여기서 프롬프트 텔링 공식을 활용해서 검색 최적화가 된 블로그 글을 써달라고 요청해 보겠습니다.

[블로그 글쓰기 프롬프트 구조] PRO+MPT

P(Persona): 10년 차 네이버 블로그 마케터
R(Reference): 기존에 작성한 블로그 게시물 텍스트본
O(Objective): 디자인 에이전시 추천 정보성 글을 통해, 마지막에는 우리 회사로 연락하도록 유도
M(Mode): SEO 기반한 제목과 소제목 세 개 이상, 본문 1,500자 이내
P(Point of View): 디자인 에이전시를 찾고 있는 실무자 대상

T(Tone): SEO에 기반해서 전문성 있지만 친절한 문체

디자인 에이전시가 운영하는 블로그 포스팅을 쓴다고 생각해 보겠습니다. 상위 노출이 잘 되는 검색어들을 기반으로, 디자인 에이전시를 찾는 사람들이 클릭해서 읽게 만드는 것이 목표인데요. 마지막에는 이 글을 보고 우리 회사로 연락하도록 자연스럽게 유도하는 것이 중요하겠죠? 이런 전략적인 설계를 짜야 하기 때문에, PROMPT 텔링 공식의 6가지 요소를 전부 활용해 보겠습니다.

[PROMPT]
(기존 블로그 포스팅 캡쳐본 첨부) 너는 네이버 블로그 콘텐츠 마케터야. '디자인 에이전시 추천'이라는 주제로, 상위 노출될 수 있는 정보성 블로그 글을 써줘. 디자인 에이전시를 찾고 있는 실무자들 대상으로, 결국 우리 회사에 웹사이트로 랜딩시키는 게 목적이야.
제목과 포스팅은 네이버 SEO 상위 노출이 될 만한 키워드 위주로 잡아주고, 1,500자 내외로 작성해줘. 기존 블로그 글 내용을 참고해서 전문성 있지만 친절한 설명톤으로 써줘.

[결과물 예시]

제목: 디자인 에이전시 어떻게 고르지? 실무자 추천 리스트 & 체크포인트

디자인 에이전시를 찾고 계신가요?
웹사이트 제작, 상세페이지 디자인, 회사소개서 PPT 등 디자인 외주를 맡기려 할 때
'잘하는 디자인 업체'는 어떻게 골라야 할까요?
검색만 해도 수많은 디자인 회사가 나오지만,
예쁜 디자인과 실무에 강한 디자인은 다릅니다.
이 글에서는 실무자 입장에서
디자인 에이전시를 제대로 고르는 기준 3가지를 소개해 보겠습니다.

---

1. 디자인 결과물보다 먼저, '기획력'을 보는가?

단순히 보기 좋은 디자인은 누구나 할 수 있습니다.
하지만 브랜드 메시지를 정확하게 전달하고, 고객 반응을 끌어내는 디자인은
기획력 없는 디자이너로는 구현하기 어렵습니다.

웹사이트, 상세페이지, IR 자료, PPT 등은 모두 전략이 담긴 설계가 필요합니다.
그래서 요즘 실무자들은 '디자인만' 잘하는 곳보다, 기획부터 함께하는 디자인 에이전시를 찾습니다.

체크 포인트
√ 담당자가 브랜드 이해를 먼저 해주는가?

✓ 디자인 전에 기획안 or 구조 제안을 해주는가?

2. 우리 업종과 유사한 포트폴리오가 있는가?

디자인 에이전시는 각자 강점 있는 분야가 다릅니다.

예를 들어,
B2B 기업은 정보 정리력과 논리적 구조가 중요
뷰티·리빙 브랜드는 감성 톤앤매너와 세련된 UI
스타트업은 MVP 기반의 빠른 실행력

내가 원하는 결과물과 유사한 업종 사례가 있는 디자인 업체를 고르는 것이 프로젝트 성공률을 높이는 지름길입니다.

실무 팁:
홈페이지나 블로그에서 포트폴리오를 꼼꼼히 확인하세요.

---

3. 커뮤니케이션이 빠르고 유연한가?

디자인 작업은 한 번에 끝나지 않습니다.

수정 요청, 방향성 조율, 일정 관리 등
작은 커뮤니케이션이 전체 결과에 큰 영향을 미칩니다.
따라서 실무자들은 빠른 피드백, 일정 내 수정 반영, 유연한 커뮤니케이션이 가능한 에이전시인지를 중요하게 봐야 합니다.
단순한 '디자인 수주 업체'가 아니라,

함께 프로젝트를 굴리는 파트너가 되어줄 수 있는지 체크하세요.

**기획력 있는 디자인 에이전시를 찾고 있다면
프레젠트랩(Presentlab)을 추천드립니다.**

✓ 삼성전자, CJ, 우리은행 등 800개 이상 프로젝트 수행
✓ 브랜드 웹사이트, 상세페이지, 회사소개서까지 전문 기획 + 디자인 동시 진행
✓ 단순 디자인이 아닌 전략 설계 기반의 콘텐츠 제작

→ 포트폴리오 보러 가기
→ 상담 문의하기

이렇게 상황별 프롬프트 텔링 공식 조합을 간단하게 살펴보았는데요. 내가 콘텐츠 크리에이터인지, 브랜드 대표일지, 직장인 혹은 프리랜서인지에 따라 실무에서 많이 활용하는 프롬프트가 달라집니다. 이제 본격적으로 실무에서 바로 써먹을 수 있는 프롬프트 기술에 대해 알아보겠습니다.

3부

실무에 바로 써먹는 프롬프트 기술

CHAPTER 01.

콘텐츠 크리에이터를 위한 프롬프트

1. 콘텐츠 크리에이터에게 AI가 필수인 이유

콘텐츠 크리에이터는 특정 주제나 메시지를 다양한 형식으로 제작해 사람들에게 전달하는 일을 합니다. 형식은 매우 다양합니다. 유튜브나 틱톡 같은 플랫폼에서 올리는 짧은 영상, 블로그나 스레드에 쓰는 글, 인스타그램 피드에 올리는 카드뉴스나 이미지, 그리고 뉴스레터나 팟캐스트까지 모두 콘텐츠에 포함됩니다.

크리에이터의 가장 큰 특징은 하나의 아이디어를 여러 플랫폼에 맞게 가공한다는 점입니다. 같은 주제라도 유튜브에서는 3분 영상, 인스타그램에서는 5장의 카드뉴스, 블로그에서는 1,000자 글로 풀어내는 식입니다. 정리하자면, 크리에이터의 주된 업무는 다음과 같습니다.

아이디어 기획 – 어떤 주제를 다룰지, 어떤 포맷으로 제작할지 결정

자료 조사와 스토리 구성 – 주제를 뒷받침할 자료와 사례를 수집하고 구조를 잡음

제작 – 영상 촬영과 편집, 이미지 제작, 글쓰기 등 각 포맷에 맞는 제작 작업

업로드와 최적화 – 플랫폼별 업로드 규칙과 알고리즘에 맞춰 게시

반응 분석과 개선 – 조회수, 댓글, 클릭률을 분석해 다음 콘텐츠에 반영

이 모든 과정을 반복적으로, 그리고 빠른 주기로 진행해야 합니다. 플랫폼의 알고리즘은 꾸준한 발행을 선호하고, 구독자 역시 지속적으로 새로운 콘텐츠를 기대하기 때문입니다. 결국 콘텐츠 크리에이터는 기획자, 제작

자, 마케터의 역할을 동시에 수행하는 멀티 플레이어라고 할 수 있죠.

콘텐츠 크리에이터의 가장 큰 과제는 속도와 퀄리티를 동시에 유지하는 것인데요. 하나의 콘텐츠를 만드는 데만 며칠씩 걸린다면, 빠르게 변하는 트렌드와 플랫폼 알고리즘을 따라잡을 수 없습니다. 반대로 속도를 높이려다 보면 자료 조사나 검증이 소홀해지고, 완성도가 떨어져 구독자의 신뢰를 잃기 쉽습니다.

AI는 이 여러 가지 문제를 동시에 해결할 수 있는 치

구분	AI 활용 전	AI 활용 후
주제 선정	매번 검색과 SNS 탐색으로 하루 절반 소모.	타깃·플랫폼 맞춤 주제를 1분 만에 20개 도출.
원고 작성	자료 조사, 문장 구성, 예시 제작까지 혼자 작업 → 3~4시간 소요.	자료 조사부터 초안 작성까지 30분이면 완성.
채널별 변경	같은 내용을 각 채널에 맞게 새로 작성.	인스타·유튜브 쇼츠·블로그에 맞는 콘텐츠 형태로 맞춤형 변경.
발행 주기	주 2~3편 제작이 한계.	주 5~7편 제작 가능.
결과	속도는 느리고, 흐름이 들쭉날쭉해 퀄리티 유지 어려움.	일관된 톤과 구조 유지, 발행 속도와 퀄리티 동시 확보.

트키입니다. 챗GPT는 주제 찾기, 자료 조사, 초안 작성, 플랫폼별 맞춤형 콘텐츠 작성 등 반복적이고 시간이 많이 드는 과정을 단축해 줍니다. 예를 들어, 유튜브 스크립트를 쓰기 위해 3시간 걸리던 작업이 AI를 활용하면 30분 안에 초안 작성까지 끝납니다. 남는 시간은 더 나은 콘셉트 기획이나 촬영 퀄리티를 개선하는 데 쓸 수 있습니다.

2. 목표 타깃들이 좋아할 콘텐츠 찾는 3단계 프롬프트

콘텐츠 제작에서 가장 중요한 것은 '무엇을 만들 것인가'입니다. 촬영 장비나 편집 기술이 아무리 뛰어나더라도, 주제가 매력 없으면 조회수와 반응은 따라오지 않습니다. 특히 크리에이터의 타깃이 명확할수록 주제 선정의 중요성은 더 커집니다. 내가 만든 콘텐츠에 관심 없는 사람들에게는 아무 의미가 없죠. 반대로 타깃이 열광할 만한 주제를 고르면, 같은 노력으로도 훨씬 큰 반응을 얻을 수 있습니다.

문제는 타깃이 좋아할 주제를 매번 새롭게 찾는 것이 쉽지 않다는 점입니다. 몇 달만 지나도 아이디어는 고갈

되고, 잘 나갔던 주제가 갑자기 반응을 잃는 경우도 많습니다.

AI는 이럴 때도 우리에게 큰 도움이 됩니다. 단순히 아이디어를 제안하는 데 그치는 것이 아니라, 기존 콘텐츠의 성과를 분석하고 터질 확률이 높은 콘텐츠 주제를 제안하는 것도 가능하기 때문입니다. AI 노하우를 알려주는 유튜버 크리에이터라고 생각해보고, 기존 콘텐츠를 분석하고 잘 터질 소재를 제안받는 것부터 시작해 볼게요.

1단계: 기존 콘텐츠를 콘텐츠 분석(PRO+P 공식)

[PROMPT]

Persona: 너는 유튜브 콘텐츠 분석 전문가야.

Reference: (유튜브 채널의 콘텐츠 데이터 첨부) 내 유튜브 채널의 영상 제목, 설명, 조회수 데이터를 줄게.

Objective: 이 데이터를 분석해서 내가 주로 다루는 주제, 반응이 좋은 주제, 반응이 낮은 주제를 표로 정리해.

Point of view: 내 강점을 살리고, 아직 시도 안 한 주제를 발굴하는 관점으로 분석해.

[결과물 예시]

아래 표로 정리했습니다. 수치는 제공해주신 노출수·클릭률·조회수·평균 시청 지속 시간을 함께 고려했습니다.

구분	주제	관련 영상	특징·분석
가장 많이 다룬 주제	미드저니 활용	① 60초 만에 모델 끝내는 미드저니 ② 미친 영상 AI, 미드저니가 증명 ③ 300만 원짜리 광고영상, AI로 제작	전체 6개 중 3개가 미드저니 기반. 썸네일·제목에 '미드저니' 명시, AI 이미지/영상 제작과 연관.
반응 좋은 주제	짧은·임팩트 있는 AI 활용 사례	① 60초 만에 모델 끝내는 미드저니(조회수 1,234·조회율 26.2%) ② 미친 영상 AI, 미드저니가 증명(조회율 17.1%) ③ 300만 원 광고 영상, AI로 ○만원 제작(클릭률 4.2%, 평균 시청 2:54)	짧고 도전적인 제목 + 숫자·시간 강조 + 구체적 성과(금액, 시간). 조회율·시청 시간 모두 상위.
반응 낮은 주제	긴 강의·튜토리얼 중심 콘텐츠	① 상위 1%만 쓰는 AI 챗봇 활용법(조회율 9.4%, 평균 시청 2:07) ② 미친 AI 업데이트(59:36)(조회율 4.9%, 시청 지속 7:00)	러닝타임이 길수록 클릭률·조회율 하락. 특히 10분 이상 콘텐츠는 평균 시청 지속 시간 대비 완전시청 비율 낮음.

분석 포인트

1. 강점: 미드저니·AI 영상 제작에 특화된 경험 + 실무 응용 사례 제시
→ 숫자·시간·금액 강조 시 반응 상승.
2. 기회: 미드저니 외에도 'AI로 ○○하기' 시리즈 확장 가능(예: AI 음성, AI 디자인, AI 마케팅).
3. 개선: 긴 러닝타임의 강의형 콘텐츠는 분절(Part 1, Part 2) 또는 하이라이트 추출형 숏폼으로 전환 시 효율 상승 예상.

제일 먼저 챗GPT에게 기존 콘텐츠의 성과들에 대한 분석을 요청했습니다. 유튜브 콘텐츠의 채널 분석에 나오는 노출수, 노출 클릭률, 조회수, 평균 시청 지속 시간, 시청 시간 등의 데이터를 레퍼런스로 넣어주었습니다.

여기서 중요한 포인트는 챗GPT가 충분히 내 콘텐츠의 방향성과 주제, 반응도를 먼저 학습시키는 것입니다. 이런 충분한 배경지식과 맥락을 준 다음에, 우리 타깃에게 반응이 좋을 주제를 뽑을 확률이 높아지게 되는 것이죠.

2단계: 신규 콘텐츠 주제 10가지 도출(O+MP 공식)

[PROMPT]
Objective: 내 SNS에 올릴 신규 콘텐츠 주제 10개를 제안해줘.

Mode: 각 주제는 제목 + 한 줄 요약 + 후킹 포인트를 나열해줘.
Point of view: 타깃이 호기심을 느끼고 저장·공유할 만한 주제를 추천해줘.

[결과물 예시]

다음은 타깃의 호기심을 자극하고 저장·공유를 유도할 수 있는 신규 SNS 콘텐츠 주제 10개입니다. 최근 채널 성과 패턴(숫자·시간·성과 강조 + 실무 적용 사례)에 맞춰 구성했습니다.

1. "AI 1시간 투자로 월 100만 원 벌기 가능할까?"

- 한 줄 요약: 단 1시간 세팅으로 시작하는 AI 부업 시뮬레이션.
- 후킹 포인트: "시간 대비 수익"이라는 구체적 수치 + 도전 욕구 자극.

2. "광고비 0원, AI로 만든 인스타 바이럴 영상 비법"

- 한 줄 요약: SNS 조회수 폭발시킨 AI 제작 영상 과정 공개.
- 후킹 포인트: 0원·바이럴·비법 → 공유 욕구 강함.

3. "내 브랜드 로고, AI가 5분 만에 만들어준다면?"

- 한 줄 요약: 실제 브랜드 로고 생성 과정과 결과 비교.
- 후킹 포인트: Before & After 이미지로 시각적 임팩트 제공.

4. "AI로만 만든 제품 상세페이지, 매출은 어땠을까?"

- 한 줄 요약: 기획·디자인·카피까지 전부 AI로 제작한 실험.
- 후킹 포인트: 매출 데이터 공개 + 실험 스토리텔링.

5. "5초 만에 PPT 목차 완성, AI 치트키 공개"

- 한 줄 요약: 기획자·마케터를 위한 초고속 PPT 기획법.
- 후킹 포인트: 초단위 속도 강조 + 생산성 향상 욕구 자극.

6. "AI 사진 한 장으로 10가지 마케팅 소재 뽑기"

- 한 줄 요약: 한 장의 이미지에서 배너·광고·SNS 콘텐츠까지 확장.
- 후킹 포인트: '확장성'·'재활용' 키워드로 실무자 저장 유도.

7. "이 버튼 하나로 영상 10개가 뚝딱"

- 한 줄 요약: 대량 영상 제작 AI 툴 실전 리뷰.
- 후킹 포인트: '버튼 하나' → 쉬움·속도 강조.

8. "1인 기업이 AI로 하루 업무 끝내는 법"

- 한 줄 요약: 기획·제작·마케팅까지 하루 만에 끝내는 루틴 공개.
- 후킹 포인트: 실제 타임라인 공유 + 공감 유도.

9. "AI 썸네일, 클릭률 2배 올린 비밀"

- 한 줄 요약: AI로 썸네일 제작 후 CTR 상승 비교.
- 후킹 포인트: 전·후 데이터 공개 + 실험 인증.

10. "SNS 계정 3개를 AI가 대신 운영한다면?"

- 한 줄 요약: 콘텐츠 기획·작성·업로드까지 자동화 실험기.
- 후킹 포인트: 실제 계정 운영 화면 + '대신 해줌' 자극.

우리가 기존에 올린 콘텐츠 성과를 분석하고, 타깃들에게 제일 인기 있는 소재들 Top 10을 뽑아 달라고 했습니다. 단순히 내가 생각했을 때 재밌어 보이는 소재를 콘텐츠로 만드는 것이 아닌, 데이터를 기반으로 반응이 좋을 만한 콘텐츠를 뽑아내는 것이죠. AI의 중요한 역할 중 하나는 우리의 시각을 더 넓게 볼 수 있도록, 대중의 시선을 맞춰서 제안해 준다는 것입니다.

3단계: 클릭 가능성 높은 콘텐츠 주제 TOP3 선정(OM 공식)

[PROMPT]
Objective: 내 타깃이 가장 클릭할 확률이 높은 주제 TOP 3를 뽑아줘.
Mode: 조회수와 전환율을 높일 수 있는 주제를 최우선으로 선택하고, 왜 이 주제가 성공할지에 대한 분석도 함께 써줘.

[결과물 예시]
아래는 제안한 10개 주제 중에서 **조회수+전환율** 모두를 높일 가능성이 가장 높은 TOP 3입니다.

1위. "광고비 0원, AI로 만든 인스타 바이럴 영상 비법"
- 선정 이유:

- 기존 채널에서 '숫자(0원) + 성과(바이럴)' 키워드 조합이 높은 조회율을 기록.
- 광고비 0원이라는 진입 장벽 없는 조건이 타깃(1인 기업·소규모 브랜드)에 강한 매력.
- '비법'이라는 단어가 공유 욕구를 자극하고, 실무 적용 가능성이 높아 전환 유도에 유리.

2위. "AI로만 만든 제품 상세페이지, 매출은 어땠을까?"

• 선정 이유:
- '매출'이라는 결과 지표가 호기심을 강하게 자극 → 클릭률 상승 기대.
- 로사장의 전문 분야(상세페이지 기획·디자인)와 직결 → 콘텐츠 신뢰도 상승.
- 실험형 스토리텔링(과정+결과 공개)으로 시청 시간 유지율도 높아질 가능성 큼.

3위. "5초 만에 PPT 목차 완성, AI 치트키 공개"

• 선정 이유:
- 시간 절약·효율성 키워드가 오피스워커, 마케터, 프리랜서 타깃에 직격.
- '5초'라는 초단위 시간표시가 기존 영상 데이터에서 높은 클릭 유도 요소로 검증됨.
- 치트키라는 단어가 실무자들의 저장·공유를 촉진 → 잠재 전환율 상승 기대.

이 3개는 숫자(시간·비용·성과) + 실무 적용성 + 호기심 요소를 모두 충족해, 조회수와 전환율 동시 확보 가능성이 높습니다.

10가지 추천 주제 중에서도 우리 타깃들의 특성과 관심사를 고려해서 클릭할 만한 TOP 3를 뽑아달라고 요청했습니다. 왜 이 소재가 클릭할 확률이 높은지 이유와 함께 설명해달라고 했죠. 1위로 뽑은 주제는 '광고비 0원, AI로 만든 인스타 바이럴 영상 비법'입니다.

기존 데이터를 분석해 봤을 때, 숫자와 성과 키워드 조합이 높은 조회수를 기록했죠. 거기다 광고비 0원이라는 워딩이 우리 타깃들에게 매력적으로 느껴진다고 합니다. 이제 콘텐츠 소재를 골랐으니, 본격적으로 유튜브 영상 스크립트를 작성하는 법에 대해 알아보겠습니다.

3. 유튜브 콘텐츠 스크립트 작성하는 3단계 프롬프트

콘텐츠를 꾸준히 연재하는 크리에이터에게 가장 중요한 것은 톤과 메시지의 통일성입니다. 매번 새로운 영상을 만들더라도, 이전에 쓴 스크립트를 기반으로 크리에이터만의 패턴을 인식시켜주는 것이 중요하죠.

그래서 이번엔 유튜브 스크립트를 작성할 때 먼저 지난 영상의 대본을 AI에게 레퍼런스로 제공해보겠습니다. 이렇게 하면 AI가 제 콘텐츠의 흐름과 말투, 길이감을 이해하고 이어갈 수 있어 시리즈 전체가 하나의 세계관처럼 연결됩니다.

지난 영상에서 스크립트를 추출하기 위해, 원하는 유튜브 영상 설명 부분 '더보기'를 클릭해 보겠습니다. 밑으로 스크롤 하면 '스크립트 표시'라는 버튼이 보입니다. '스크립트 표시' 버튼을 클릭하면 자동 생성된 스크립트를 자막으로 볼 수 있게 됩니다.

여기서 표시되는 스크립트를 전부 드래그한 다음, 복사해서 파일로 만들면 유튜브 스크립트 파일이 완성됩니다. 이제 이 파일을 챗GPT에게 레퍼런스로 주면서, 새로운 콘텐츠 대본을 써달라고 해 보겠습니다.

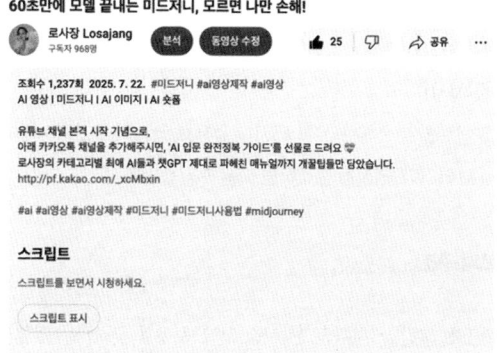

60초만에 모델 끝내는 미드저니, 모르면 나만 손해!

1단계: 기존 스크립트 분석 및 학습(PRO 공식)

[PROMPT]

Persona: 너는 잘 터지는 유튜브 콘텐츠 기획 전문가야.

Reference: (유튜브 스크립트 파일. docx 첨부) 내가 이전에 작성한 유튜브 스크립트 파일을 줄게.

Objective: 스토리 구조, 말투, 길이, 후킹 방식, CTA 패턴을 학습해.

[결과물 예시]

이 스크립트를 분석해보니, 잘 터지는 유튜브 영상의 구조와 패턴이 명확하게 보입니다. 핵심을 정리하면 다음과 같습니다.

1. 스토리 구조

- 초반 5초 후킹: 시청자의 '돈·시간 절약' 욕구를 자극하는 강렬한 문

장으로 시작– 예시: "AI 통해 월 수백만 원을 아낀다고요?"
- 문제 제시 → 솔루션 제시: 기존 방식의 비효율(촬영, 스튜디오 대여 등) → AI로 대체 가능성 강조
- 개인 브랜딩 삽입: 본인 소개 + 성과(디자인 에이전시 운영 5년, 누적 매출 10억)
- 메인 튜토리얼: 툴 기능 설명 + 실습 예시 → '브랜드에 어떻게 적용할지' 연결
- 핵심 기능 딥다이브: 기능별 장점·활용 팁(옴니 레퍼런스, 무드보드 등)
- 마무리 + CTA: 요약 + 실질적 행동 유도(카톡 채널 추가, 가이드북 제공)

2. 말투 패턴

- 구어체 + 질문형 혼합: "너무 힘하지 않나요?", "한번 해볼까요?"
- '여러분'·'우리' 등 포용적 호칭 사용
- 감탄사·강조 표현 반복: "진짜 미쳤습니다", "장난 아닙니다"
- 전문용어와 쉬운 설명 병행

3. 길이

- 약 10분 내외 구성을 목표로 함
- 기능 소개와 실습 비중이 절반 이상
- 도입부 후킹은 10~15초 내, 메인 튜토리얼은 67분, 나머지는 정리와 CTA

4. 후킹 방식

- 경제적·시간적 절약 강조
- 최신 버전·신기능 '처음 공개' 같은 희소성 부각

- 실제 화면 시연으로 시각적 몰입 유도

5. CTA 패턴
- 무료 리소스 제공(가이드북, 자료집)
- 구체적 행동 안내(댓글창 이동 → 카카오톡 친구추가)
- '놓치지 마세요', '지금 바로' 같은 긴박감 표현

원하신다면 이 패턴을 그대로 적용해 새로운 주제 스크립트 틀을 만들어 드릴 수 있습니다.

스크립트 파일을 분석하는 과정은 단순히 내용을 파악하는 것을 넘어, 영상이 어떤 흐름으로 전개되고 어떤 구조로 이루어져 있는지 감을 익히는 단계입니다. 오프닝에서 주목을 끄는 방식, 메시지를 풀어내는 방식, 마무리에서 다시 한번 기억에 남게 하는 CTA까지 구조적으로 살펴보면 패턴이 보입니다. 이런 전개 방식을 AI에게 학습시키면 앞으로 새로운 주제를 다룰 때도 톤과 구성을 일정하게 유지할 수 있죠.

2단계: 소재 기반 유튜브 콘텐츠 기획안 만들기(OM 공식)

[PROMPT]

Objective: "광고비 0원, AI로 만든 인스타 바이럴 영상 비법" 이 주제에 맞춰 유튜브 영상 기획안을 만들어.

Mode: 브리프에는 영상 목적, 핵심 메시지, 타깃, 어떤 구조로 스크립트를 잡을 건지 마크다운 기법으로 정리해줘.

[결과물 예시]

유튜브 영상 기획안

주제: 광고비 0원, AI로 만든 인스타 바이럴 영상 비법

1. 영상 목적
- 광고비 없이도 AI를 활용해 인스타그램에서 바이럴되는 영상 제작 방법을 공개
- 실무에 바로 적용할 수 있는 AI 툴 활용법과 제작 노하우 전달
- 브랜드·개인 모두 실행 가능한 구체적인 워크플로우 제시

2. 핵심 메시지
- 돈이 없어도 주목받을 수 있다: AI는 '광고비 제로' 시대의 무기
- 툴과 아이디어만 있으면 누구나 인스타 바이럴 영상을 만들 수 있다
- '시청 → 저장·공유'로 이어지는 콘텐츠 구조가 필요하다

3. 타깃
- 1차 타깃: 광고비 부담이 큰 소상공인, 1인 브랜드, 프리랜서
- 2차 타깃: SNS 운영자, 마케터, 콘텐츠 크리에이터
- 관심 포인트: 적은 예산, 빠른 제작, 조회수 상승, 팔로워 증대

4. 스크립트 구조

1) 오프닝 후킹(0:00~0:15)

- 목표: 시청자 몰입 + 문제 공감
- 예시 멘트: "광고비 한 푼 안 쓰고 인스타 조회수 10만 찍는 방법, 궁금하시죠? 오늘은 제가 실제로 AI로 만든 바이럴 영상 제작 비법을 탈탈 털어드립니다."

2) 문제 제시(0:15~0:45)

- 광고비 없이 SNS 성과 내기 어려운 현실 언급
- 기존 방식(촬영·편집·광고집행)의 시간·비용 부담 강조

3) 솔루션 티저(0:45~1:00)

- AI로 대체 가능한 과정 소개
- "오늘은 이 3가지 단계로 끝냅니다"

① 아이디어 생성 → ② 영상 제작 → ③ 최적화 & 업로드

4) 단계별 튜토리얼(1:00~6:00)

① 아이디어 생성

- 챗GPT로 타깃 분석 + 트렌드 키워드 뽑기
- 성공한 릴스 포맷 분석하기

② 영상 제작

- 미드저니로 시각소재 생성
- 클링(혹은 캡컷 AI)로 영상화
- 짧고 강렬한 오프닝·자막·BGM 팁

③ 최적화 & 업로드

- 해시태그 전략, 업로드 시간, 커버 이미지 설정
- '저장·공유' 유도 문구 작성법

5) 사례 시연(6:00~8:00)
- 실제 제작한 영상 클립 보여주기
- 업로드 전·후 조회수/반응 비교

6) 마무리 & CTA(8:00~8:30)
- 핵심 포인트 3줄 요약
- CTA:"광고비 0원으로도 팔로워를 늘리고 싶다면, 지금 댓글에 'AI 영상'이라고 남겨주세요. 카톡 채널에서 무료 제작 체크리스트를 보내드립니다."

7) 엔딩 후킹(옵션)
- 다음 영상 예고: "다음엔 AI로 만든 영상에 '조회수 부스터' 거는 법을 공개합니다."

이 기획안을 기반으로 스크립트까지 연결하면, 기존 로사장님 영상 패턴에 맞는 강한 후킹 + 실습형 구성이 가능하겠습니다.

프롬프트에서 언급된 '마크다운(Markdown)'은 글을 간단한 기호와 문법으로 구조화하는 방식입니다. 제목은 #, 굵게는 **, 목록은 -처럼 키보드에서 쉽게 입력할 수 있는 기호만으로 문서의 구조를 만들 수 있습니다.

복잡한 HTML 태그 없이도 깔끔하고 일관된 문서를 만들 수 있기 때문에, 개발자나 문서 작성자들이 특히 많이 사용하죠.

챗GPT에게 "마크다운 기법으로 정리해줘"라고 요청하면 아주 깔끔한 보고서 형식으로 정리해 줍니다. AI가 내용을 단순히 나열하는 것이 아니라, 제목·소제목·목록·표 같은 구조를 잡아줘서 가독성이 크게 높아집니다. 긴 글도 목차가 있는 것처럼 한눈에 파악이 되고, 복사해서 블로그·노션·슬랙 등에 바로 붙여도 형식이 그대로 유지되죠.

3단계: 유튜브 콘텐츠 스크립트 작성하기(O+PT 공식)

[PROMPT]

Objective: 2단계에서 만든 기획안을 참고해서 유튜브 스크립트를 써줘.

Point of view: AI로 시간과 돈을 아끼고 싶은 사업가, 직장인, 프리랜서를 대상으로 AI 노하우를 소개해줘야 해.

Tone: 로사장 유튜브 스크립트에 나와 있는 말투와 단어, 표현을 참고해서 10분짜리 스크립트를 작성해줘.

[결과물 예시]

좋습니다. 로사장님의 기존 스크립트 톤과 구성을 살려, 2단계에서 만든 기획안을 기반으로 10분짜리 유튜브 스크립트를 작성했습니다.

유튜브 스크립트
주제: 광고비 0원, AI로 만든 인스타 바이럴 영상 비법

[0:00 ~ 0:15 | 오프닝 후킹]
"광고비 한 푼 안 쓰고, 인스타에서 조회수 10만 찍는 방법… 궁금하시죠? 오늘은 제가 실제로 AI로 만든 '광고비 0원' 바이럴 영상 제작 비법을 탈탈 털어드릴 겁니다. 특히, 광고비가 걱정이신 분들! 오늘 영상 보시면 '광고비 절감 + 영상 퀄리티 유지' 둘 다 가능합니다."

[0:15 ~ 0:45 | 문제 제시]
"요즘 인스타에서 노출을 높이려면 광고비를 태우는 게 기본처럼 되어 있잖아요. 근데 광고비, 최소 수십만 원~수백만 원 금방 나가죠. 촬영팀 부르고, 모델 섭외하고, 편집 맡기면… 시간과 돈이 진짜 어마어마하게 듭니다. 저도 예전에 이걸 다 직접 해봤는데, 솔직히 효율이 너무 안 나왔어요."

[0:45 ~ 1:00 | 솔루션 티저]
"그래서 저는 이제 완전히 바꿨습니다. 촬영 없이, 장비 없이, 광고비 없이—딱 세 단계로 끝내요. 아이디어 생성 → 영상 제작 → 업로드 최적화. 오늘 이 3단계를 전부 공개할게요."

[1:00 ~ 2:20 | 1단계: 아이디어 생성]

"첫 번째, **아이디어 생성**입니다. 여기서 가장 중요한 건 '내 타깃이 무엇을 저장하고 공유할지' 아는 거예요. 저는 챗GPT로 이렇게 물어봅니다. '20~30대 여성 타깃, 뷰티 브랜드 인스타그램 릴스 아이디어 10개만 줘.' 이렇게 하면 요즘 반응 좋은 포맷과 키워드를 바로 뽑아줍니다.

그리고 꼭 하셔야 하는 게 '성공 사례 분석'이에요. 인스타에서 조회수 50만 넘은 릴스를 10개 정도 모아보세요. 이 영상들의 첫 3초 구성을 분석하면, 어떤 후킹 멘트·화면 전환·자막 스타일이 먹히는지 감이 옵니다."

[2:20 ~ 5:30 | 2단계: 영상 제작]

"두 번째, **영상 제작**입니다. 여기서 AI를 제대로 써먹을 수 있죠.

① **시각소재 만들기** - 저는 미드저니를 씁니다. 예를 들어, '핑크 파스텔 톤의 데스크 위 뷰티 제품, 고급스러운 조명' 이렇게 입력하면 브랜드 톤앤매너에 맞는 이미지를 바로 뽑아줍니다. 버전 7부터는 한국어 프롬프트도 완벽하게 이해하니까 훨씬 편해졌어요.

② **영상화하기** - 이미지는 클링이나 캡컷 AI에 넣습니다. 클링은 자동 자막, 화면 전환, AI 보이스까지 지원해서 제작 속도가 10배 빨라집니다. 저는 오프닝 3초에 강렬한 텍스트 + 트렌디한 사운드를 꼭 넣어요. 예를 들어, '이거 모르고 광고했으면 돈 날렸습니다' 이런 식으로.

③ **편집 팁** - 자막은 폰트 굵게, 배경 반투명 박스.BGM은 저작권 문제 없는 걸 쓰고, 화면 전환은 2~3초 간격으로 줍니다. 영상이 지루해질 틈이 없어야 사람들이 끝까지 보겠죠?"

[5:30 ~ 7:30 | 3단계: 업로드 최적화]

"세 번째, **최적화 & 업로드**입니다. 영상 올릴 때 절대 대충 하지 마세요.

① **해시태그 전략** - 고유 해시태그(브랜드명) + 중간 규모 키워드 + 트렌드 키워드를 섞어 쓰세요.
② **썸네일·커버** - 영상에서 가장 시각적으로 강한 장면을 캡쳐해서 커버로 지정하세요.
③ **업로드 시간** - 제 경험상, 제 타깃이 가장 활발한 저녁 8~10시 사이에 올리면 도달이 높았습니다.
④ **행동 유도 문구** - 마지막에 '저장해두세요', '친구랑 공유하세요' 멘트를 꼭 넣으세요. 이게 조회수 2차 확산에 영향을 줍니다."

[7:30 ~ 8:30 | 사례 시연]
"제가 이 방법으로 만든 실제 영상을 보여드릴게요. (클립 재생)보시면, 촬영 없이도 브랜드 이미지와 딱 맞는 퀄리티가 나옵니다.이 영상, 광고비 0원으로 올렸는데, 일주일 만에 조회수 12만, 저장 수 3천, 팔로워 1,200명 늘었습니다. 사실 이게… 돈 안 쓰고 이 정도 성과가 나왔다는 게 제일 미쳤죠."

[8:30 ~ 9:30 | 핵심 요약]
"정리하면, 광고비 없이도 인스타에서 성과 내는 방법은
① AI로 아이디어 뽑기
② AI로 영상 제작
③ 업로드 최적화
이 세 단계입니다. 그리고 절대 '완벽하게 준비되면 올려야지' 하지 마세요. AI의 장점은 빠른 테스트와 빠른 피드백입니다. 올리면서 수정하면 됩니다."

[9:30 ~ 10:00 | CTA]

"오늘 영상이 도움이 되셨다면, 지금 댓글에 나온 이벤트 확인해주세요. 카톡 채널 추가해주시는 분께 **광고비 0원 영상 제작 체크리스트**를 무료로 보내드립니다. 다음 영상에서는, 이 AI 영상에 '조회수 부스터' 거는 방법까지 공개할 테니까, 구독·알림 꼭 해주세요!"

유튜브 콘텐츠 기획안까지 뽑아냈다면, 뼈대에 살을 붙여서 유튜브 대본을 완성할 차례입니다. 기존 스크립트의 말투와 단어, 표현을 참고해달라고 하니 정말 기존에 쓰던 말투를 자연스럽게 구사해줍니다.

이렇게 기존 콘텐츠 데이터를 기반으로, 잘 터질 것 같은 소재를 뽑아내고, 유튜브 대본까지 AI와 함께 제작할 수 있게 되었습니다. 기존에 크리에이터가 직접 모든 리서치부터 대본 작성까지 했었어야 했다면, 크게 시간과 효율을 아낄 수 있을 뿐만 아니라 더 반응이 좋을 것 같은 콘텐츠를 만들 수 있게 되었죠.

CHAPTER 02.
프리랜서와 N잡러를 위한 프롬프트

1. 프리랜서와 N잡러에겐 AI 직원이 필요하다

프리랜서와 N잡러는 자신의 전문성을 바탕으로 프로젝트 단위로 일하는 사람들입니다. 여기서 말하는 프리랜서는 주로 디자인, 마케팅, 개발 등 창의적·전문 기술을 기반으로 한 분야에서 활동하며, 클라이언트와 직접 소통해 업무를 진행하는 경우가 많죠.

N잡러는 하나의 직무에만 국한되지 않고, 동시에 여러 프로젝트를 병행해 수익을 창출합니다. 두 유형 모두 혼자 프로젝트를 진행하며 결과물을 납품하는 '1인 사업가'의 성격이 강합니다.

1인 사업가인 만큼 해야 할 업무 범위도 굉장히 넓고 다양한 편입니다. 본 프로젝트를 하기에도 정신없지만, 클라이언트 커뮤니케이션이나 상세페이지 제작 등 신경 써야 할 업무들이 매우 많습니다.

클라이언트 커뮤니케이션 – 문의 응대, 일정 조율, 요구사항 확인

상세페이지 및 견적서 작성 – 프로젝트 제안, 가격 산정, 일정 제시

콘텐츠 제작 및 개발 작업 – 디자인 시안 제작, 마케팅 콘텐츠 작성, 개발 코딩 등

마케팅 및 자기 홍보 – SNS 운영, 포트폴리오 업데이트, 신규 고객 발굴

프로젝트 관리 – 진행 상황 체크, 수정·보완 작업, 마감 일정 관리

결과물 납품 및 후속 대응 – 최종 결과 전달, 피드백 반영, 유지보수 또는 재발주 협의

이처럼 프리랜서와 N잡러는 하루 안에 다양한 역할을 동시에 해내야 합니다. 고객 관리와 제작 업무를 병

행하는 과정에서 체력과 시간도 많이 소모되고, 여러 일을 동시에 하다 보니 집중도가 떨어지는 게 큰 고민거리죠.

1인으로 일하는 프리랜서와 N잡러에게 AI는 아주 소중한 직원이 되어 줍니다. 특히 상세페이지 제작과 CS처럼 반복적이면서도 퀄리티가 중요한 업무에서 그 진가를 발휘합니다. 상세페이지 제작에서는 상품 정보 조사, 경쟁사 분석, 카피 문구 작성, 이미지 아이디어까지 AI가 초안 형태로 빠르게 준비해 줍니다.

이 덕분에 작업 시작 속도가 단축되고, 수정과 보완에 더 많은 시간을 쏠 수 있습니다. CS에서는 고객의 첫 문의 내용을 분석해, 빠르고 정중한 답변 초안을 제안합니다. 문의 내용이 견적 요청이든, 제품 사용법이든, 반품 문의든 상황에 맞는 답변을 즉시 마련해줘서 응대 퀄리티와 속도를 동시에 높일 수 있죠.

AI 직원은 그 외에도 블로그 홍보 글 작성, 인스타그램 카드뉴스 제작, 프로젝트 일정표 구성, 제안서 목차 설계, 계약서 초안 작성 등 수많은 업무가 가능합니다. 무엇보다 중요한 점은, 이 직원은 시급도 없고, 퇴근도 하지 않으며, 밤 11시에 긴급 수정 요청이 와도 바로 대응할 수 있다는 것입니다. 프리랜서와 N잡러는 AI 직원을 잘 활용해서 더 많은 프로젝트를 소화하면서, 매출과 고객 만족도를 동시에 끌어올릴 수 있죠.

결국 AI를 쓰는 프리랜서와 그렇지 않은 프리랜서의

항목	AI 활용 전	AI 활용 후
상세 페이지 제작	상품 정보 조사부터 카피 문구 작성, 이미지 콘셉트 기획까지 모두 직접 진행. 자료 수집과 초안 작성에만 반나절 이상 소요됨.	AI가 상품 분석, 경쟁사 조사, 문구 초안, 이미지 아이디어를 한 번에 제안. 30분 내 초안 완성 후 수정·보완에 집중 가능.
CS (첫 문의 응대)	고객의 문의 내용을 일일이 읽고, 상황별 답변을 처음부터 작성. 응답 지연 시 고객 이탈 가능성 증가.	AI가 문의 내용을 분석하고, 맞춤 답변 초안을 즉시 생성. 견적, 사용법, 환불 등 유형별 응대 속도와 정확도 향상.
작업 속도	자료 준비·응대까지 하루 절반 이상 소요.	주요 반복 업무가 70% 이상 단축, 하루 안에 추가 프로젝트 진행 가능.
퀄리티	시간 압박으로 초안 완성도가 낮아지고, 수정 작업에 여유 부족.	AI가 기본 구조와 문구를 갖춘 초안을 제공해, 완성도 높은 결과물 제작 가능.
스트레스 지수	마감과 고객 응대가 겹치면 피로도 급증, 작업 몰입도 저하.	AI가 반복 업무를 대신 해줘서 심리적 여유 확보, 창의 업무에 몰입 가능.

하루는 완전히 달라집니다. 특히 매출과 직결되는 상세페이지 제작, 고객 만족도를 좌우하는 CS 응대는 그 차이가 극명하죠. 이제부터 AI를 직원처럼 배치해, 이 두 업무를 어떻게 효율화할 수 있는지 단계별 프롬프트 워크플로우로 살펴보겠습니다.

2. 내 서비스를 판매하는 상세페이지 만드는 3단계 프롬프트

디자인 부업을 통해 수익화를 하고 싶어서 찾아보니, 프리랜서 플랫폼이 몇 개 있습니다. 이 플랫폼에 내 디자인 서비스를 소개하는 상세페이지를 올려서, 고객을 찾는 구조입니다.

원래라면 이 플랫폼에 올라와 있는 다른 상세페이지들을 직접 찾아보고, 벤치마킹할 포인트를 뽑아서, 한 자 한 자 카피를 써야 하는데요. 챗GPT를 통해서 분석부터 상세페이지 카피라이팅까지 한 번에 작업해 보겠습니다.

제일 먼저 어떤 상세페이지가 고객들에게 제일 인기가 많고, 어떤 구조로 잡혀 있는지 분석부터 해 보겠습니다. 이때, 챗GPT에게 참고할 상세페이지들이 있는 플랫폼 URL을 레퍼런스로 제공합니다. 웹사이트 링크를 함께 주면서, 상위 디자인 서비스 페이지들의 헤드라인, 차별화 포인트, 고객을 설득하는 요소 등을 분석해달라고 요청해 볼게요.

1단계: 프리랜서 플랫폼 상세페이지 분석하기(PRO 공식)

[PROMPT]
Persona: 너는 디자인 프리랜서 전문가야.
Reference: 크몽에서 판매 중인 상위 디자인 서비스 페이지를 참고해. https://kmong.com/category/10601(링크 첨부)
Objective: 이 상세페이지에서 내세우는 헤드라인, 차별화 포인트, 고객을 설득하는 요소의 공통점을 마크다운으로 분석해.

챗GPT 모델 5부터는 구체적인 리서치 업무 능력이 크게 향상되었습니다. 예를 들어 리서치하고 싶은 웹사이트 링크를 주면서, 프리랜서 플랫폼에서 상위에 있는 디자인 서비스들의 공통적인 포인트를 분석시키면 '상단 3초에 권위, 결과 등을 보이는 구성으로 시작하고 보여줄 수 있는 증거 및 프로세스, B2B와 일했던 경력을 어필한다'와 같은 결과를 보여줍니다. 잘 나가는 서비스들의 인사이트를 파악했으니, 이제 이 구조에 우리의 이력서를 기반으로 맞춤형 차별화 포인트를 뽑아보겠습니다.

이때, 자신에 대한 정보를 최대한 다양하게 넣어주는 것이 중요한데, 깔끔하게 정리되어 있는 이력서를 첨부파일로 넣어보겠습니다.

2단계: 잘 팔리는 서비스 구조에 내 이력을 반영하기
(RO+PM공식)

[PROMPT]
Reference: 내 이력서 파일을 참고해.(이력서 파일 PDF 첨부)
Objective: 플랫폼에서 잘 팔리는 서비스들의 카피라이팅이랑 구조, 언어를 참고해서, 내 디자인 서비스를 판매하는 상세페이지에 넣을 수 있는 내 차별화 포인트 3가지를 도출해줘.
Point of view: 디자인 외주를 맡기고 싶은 클라이언트의 입장에서 매력적인 포인트로 뽑아줘.
Mode: 깔끔하게 보고서 형태로 마크다운 방식으로 써줘.

[결과물 예시]
다음은 클라이언트 관점에서 매력을 느낄 수 있는 차별화 포인트 3가지입니다.

1. 광고 기획력 기반의 설득형 디자인
- 단순히 예쁜 디자인이 아니라, 광고 기획자 출신으로서 전략적인 메시지 구조와 스토리텔링을 반영합니다.
- 자료를 받는 사람의 시선을 어디에 머물게 할지, 어떤 순서로 정보를 흡수하게 할지를 설계해 구매·계약 전환율을 높입니다.

2. 800건 이상 실전 프로젝트 경험
- 스타트업부터 대기업까지 800건 이상의 PPT·브로슈어·제안서 프로젝트를 수행하며 축적된 산업별 맞춤 디자인 노하우 보유.
- 분야와 목적에 맞춘 최적의 톤앤매너와 시각적 레퍼런스를 제안할 수 있습니다.

3. 장기 파트너십으로 검증된 신뢰성과 완성도
- 다수의 기업과 장기 계약을 유지하며, 일관된 퀄리티와 납기 준수로 신뢰를 쌓아왔습니다.
- 단발성 작업이 아닌, 브랜드 아이덴티티를 지속 강화하는 장기적 관점의 디자인 솔루션 제공.

중요한 건 '잘 팔리는 상세페이지'의 공식을 이해한 뒤, 그 공식을 내 이력과 결합해 차별화된 포인트를 뽑아내는 과정입니다. 단순히 스펙을 나열하는 이력서가 아니라, 고객이 "왜 이 프리랜서를 선택해야 하는가?"라는 질문에 답이 되는 메시지를 뽑아내야 합니다.

예를 들어, 광고 기획자 출신 PPT 디자이너라면 단순히 디자인만 하는 사람이 아니라 논리와 스토리텔링까지 겸비한 기획형 디자이너라는 포인트가 됩니다. 또 800건 이상의 기업 프로젝트 경험은 숫자 자체보다도 "수많은 브랜드의 핵심 메시지를 PPT로 풀어낸 실전 경험"이라는 맥락으로 강조해야 합니다.

이제 다음 단계에서 프레임워크 기법을 활용해서 상세페이지 카피라이팅까지 마무리 해보겠습니다.

3단계: 프레임워크 기법을 활용해서 카피라이팅 완성하기
(PRO+MT 공식)

[PROMPT]
Persona: 너는 상위 1% 상세페이지 카피라이터야.
Reference: 앞서 분석한 상위 디자인 서비스 전략과 내 디자인 서비스의 차별화 포인트를 참고해.
Objective: 우리 타겟 고객에게 잘 팔리는 상세페이지 프레임워크를 무조건 반영해줘. PASONA, AIDA, PAS, FAB, 4P 등.
Mode: 상세페이지 섹션별 구조처럼 헤드타이틀, 서브타이틀, 본문으로 구성해서 카피라이팅을 써줘.
Tone: 고객에게 신뢰를 얻을 수 있도록 전문성 있으면서, 후킹할 수 있도록 임팩트 있는 워딩을 활용해.

[결과물 예시]

좋습니다. 요청하신 대로 **상위 디자인 서비스들이 활용하는 설득 프레임워크**(PASONA, AIDA, PAS, FAB, 4P)를 기반으로, 타겟 고객에게 잘 팔리는 상세페이지 카피라이팅을 구성했습니다.

[섹션 1 : 문제 제기(Problem / Attention)]

헤드타이틀: "보고서는 있는데, 왜 설득이 안 될까?"
서브타이틀: 단순 자료 나열은 이제 끝
본문: 많은 기업이 PPT에 수많은 데이터를 담지만, 정작 핵심 메시지가 전달되지 않습니다. 디자인이 허술하면 전문성이 약해 보이고, 스토리라인이 없으면 상대의 신뢰를 얻을 수 없습니다.

[섹션 2 : 공감 & 해결 약속(Agitation / Solution / Promise)]

헤드타이틀: "성과로 이어지는 PPT, 이렇게 만듭니다"
서브타이틀: 기획부터 디자인까지 원스톱 진행본문: 광고 기획자 출신 PPT 디자이너로서, **논리적인 스토리라인과 세련된 디자인**을 동시에 제공합니다. 단순히 예쁘게 만드는 것을 넘어, **보고·제안·투자 유치까지 성과로 이어지는 프레젠테이션**을 만들어드립니다.

[섹션 3 : 차별화 포인트(FAB / 4P - Product & Proof)]

헤드타이틀: "왜 저를 선택해야 할까요?"
서브타이틀: 3가지 확실한 이유
본문:

- 기획력: 광고 회사 PT 전문 기획자로 출발 → 메시지를 관통하는 논리 구조 설계 가능

- 경험: 800건 이상의 프로젝트, 다양한 산업군 맞춤형 디자인 검증
- 신뢰성: 삼성전자, CJ, KB금융 등 국내 대기업과 장기 파트너십 유지

[섹션 4 : 사례 & 성과(Proof / Action)]

헤드타이틀: "실제 클라이언트가 증명합니다"

서브타이틀: CEO 키노트부터 스타트업 IR까지

본문: 650건 이상의 프로젝트를 통해, **대기업의 CEO 발표는 성공적으로 주목을 받았고, 스타트업의 IR 자료는 투자 유치로 연결**되었습니다. 포트폴리오는 요청 시 제공해드리며, 실제 성과 중심으로 판단하실 수 있습니다.

[섹션 5 : 가격 정책(Offer / Package)]

헤드타이틀: "원하는 수준에 맞는 맞춤형 패키지"

서브타이틀: 크몽 스타일 패키지 구성본문:

- **기본 패키지**: 10p 디자인 / 50만 원
- **스탠다드 패키지**: 20p 디자인 + 기획 피드백 / 90만 원
- **프리미엄 패키지**: 30p 이상 디자인 + 스토리라인 기획 + 고급 모션 효과 / 150만 원~※ 프로젝트 분량과 성격에 따라 맞춤 견적 산정

[섹션 6 : 상담 유도(Narrowing & Action)]

헤드타이틀: "당신의 PPT, 지금 바뀔 수 있습니다"

서브타이틀: 빠른 상담, 확실한 결과본문: 자료만 보내주셔도, 어떻게 달라질 수 있는지 바로 보여드립니다. "한 번 맡기면 다시 찾게 되는 디자이너" — 이 말이 곧 저의 목표입니다. 지금 문의 주시면, 가장 빠르고 따뜻한 소통으로 답변드리겠습니다.

이 구조는 **문제 제기 → 공감 → 해결 → 증명 → 제안 → 행동 촉구**로 이어지는 전형적인 **PASONA + AIDA 하이브리드 프레임워크**입니다. 클라이언트 입장에서 읽는 순간 "내 상황"이 공감되고, "해결책"과 "신뢰할 증거"가 즉시 드러나 설득력이 강합니다.

 전문성 있는 글을 써야할 때, 그냥 써 달라고 하면 AI는 처참한 수준의 평범한 대답을 내놓습니다. 이 때 굉장히 중요한 건 '프레임워크 기법'을 활용하는 것인데요. 프레임워크란 복잡한 문제를 풀어내기 위해 만들어진 구조적 틀을 말합니다. 쉽게 말해, 요리를 할 때의 레시피나 건물을 지을 때의 설계도와 같습니다. 어떤 순서로 재료를 넣고, 어떤 과정을 거쳐야 원하는 결과가 나오는지 알려주는 일종의 공식이죠.

 마케팅과 카피라이팅 분야에서의 프레임워크는 '사람을 설득하는 법칙'을 구조화한 것입니다. 예를 들어 AIDA는 주목(Attention), 흥미(Interest), 욕구(Desire), 행동(Action)이라는 네 단계로 고객의 심리를 움직입니다. PASONA는 문제(Problem), 불안(Agitation), 해결(Solution), 제안(Offer), 행동(Narrow down/Action)으로 이어지는 구조를 통해 자연스럽게 구매로 연결합니다.

AI에게 이미 검증된 프레임워크를 활용해서 글을 써달라고 하면, 설득력 있는 팔리는 글을 완성합니다. 당장 상세페이지 카피로 복사 붙여넣기 해서 써도 될 정도의 완성도죠.

3. 고객 문의 응대 매뉴얼 만드는 3단계 프롬프트

프리랜서 플랫폼에 내 디자인 서비스 상세페이지를 성공적으로 등록했습니다. 이제 하나둘 고객들의 문의가 들어오기 시작하는데요. 첫 문의에 어떤 식으로 응대를 해야 고객이 나에게 일을 맡길지 감이 잡히지 않습니다. 챗GPT와 함께 대기업들이 찾아낸 CS 매뉴얼을 찾아보고, 우리 서비스에도 적용해보겠습니다.

1단계: 성공적인 기업들의 CS 문의 응대방식 리서치
(PRO+M 공식)

[PROMPT]
Persona: 너는 10년차 CS 컨설턴트 전문가야.
Reference: 유명 기업들의 고객 응대 매뉴얼 및 가이드를 리서치해줘.

Objective: 그중 제일 효과적이었던 CS 공식이나 방법들을 기업별로 찾아줘.

Mode: TOP 5를 깔끔한 보고서 마크다운 형식으로 정리해줘.

레퍼런스를 리서치해 볼 때, 제일 좋은 것은 이미 성공적으로 하고 있는 케이스들을 벤치마킹하는 것입니다. 글로벌 대기업들은 수십, 수백만 명의 고객들을 응대하면서 제일 검증된 기준들 기반으로 내부 가이드를 쌓아왔습니다. 성공적인 CS 매뉴얼을 먼저 리서치하고, 벤치마킹하는 방식으로 성공 확률을 압도적으로 높일 수 있죠. 이제 대기업들이 검증한 고객 응대 가이드를 우리 서비스에 적용해 보겠습니다.

2단계: 벤치마킹한 가이드를 우리의 서비스에 반영해 보기(RO 공식)

[PROMPT]

Reference: (상세페이지 이미지 삽입) 나는 프리랜서 플랫폼에서 PPT 디자인 서비스를 제공하고 있어.

Objective: 내 서비스와 고객 접점 상황을 고려해, 문의 응대가 필요한 항목을 리스트업해줘. 예를 들어:

- 가격 문의
- 작업 소요 기간 문의
- 작업 범위/수정 횟수 문의
- 무리한 일정/요구 대응
- 추가 서비스 가능 여부
- 협업 확정 시 다음 단계 안내

이런 식으로 내가 꼭 대비해야 하는 응대 항목을 정리해. 그 외에도 고객 관점에서 자주 나올 수 있는 문의 카테고리를 빠짐없이 제안해줘.

[결과물 예시]

좋습니다. 프리랜서 플랫폼에서 PPT 디자인 서비스를 제공하는 상황을 고려하여, 고객이 실제로 자주 물어보거나 문제 제기를 할 수 있는 **항목들을 카테고리별로** 정리해 드리겠습니다. 이렇게 하면 문의 응대 매뉴얼 제작 시 빠짐없이 준비할 수 있습니다.

PPT 디자인 서비스 고객 문의 예상 항목 리스트
1. 견적/가격 관련

- 서비스 기본 가격 문의(페이지당, 전체 분량 기준 등)
- 옵션 가격 문의(애니메이션, 인포그래픽, 맞춤 템플릿 제작 등)
- 할인 가능 여부(재주문, 장기 프로젝트, 대량 작업 시)
- 예산 협상 요청(고객이 제시한 예산에 맞출 수 있는지)

2. 일정/소요 기간 관련

- 평균 작업 소요 기간 문의(페이지 수/난이도별)

- 급한 일정 대응 가능 여부(익일 납품, 당일 납품 등)
- 중간 결과물 확인 시점 문의
- 마감일 변경 요청 시 대응 방안

3. 작업 범위/서비스 범위

- 기본 디자인 범위(단순 레이아웃 정리 vs 풀 브랜딩 적용)
- 포함되는 산출물(원본 PPT, 폰트/가이드 문서 제공 여부)
- 이미지/아이콘/그래프 자료 포함 여부
- 수정 횟수 기준 및 추가 수정 요금 정책
- 번역, 카피라이팅, 데이터 가공 등 부가 업무 포함 여부

4. 커뮤니케이션/협업 방식

- 협업 진행 방식(카톡, 이메일, 플랫폼 채팅, 화상미팅 등)
- 고객 자료 제공 방식(워드/엑셀 초안, 레퍼런스 PPT 등)
- 고객 피드백 방식(페이지 단위, 전체 단위, 코멘트 양식)
- 보안/비밀유지 관련 문의(NDA 체결 가능 여부)

5. 디자인/퀄리티 관련

- 기존 템플릿 활용 가능 여부
- 고객이 원하는 톤앤매너 반영 가능 여부(브랜드 가이드라인 준수)
- 포트폴리오 수준과 실제 납품물 차이가 있는지 여부
- 색감, 폰트, 애니메이션 스타일 등 사전 합의 가능 여부

6. 클레임/리스크 대응

- 무리한 일정/요구에 대한 대응 방안(불가 시 대체 제안)

- 결과물 불만족 시 환불/재작업 정책
- 고객의 빈번한 수정 요청 대응(수정 범위 관리 기준)
- 작업 중단/취소 발생 시 정산 기준

7. 추가 서비스 가능 여부
- 보고용 요약본, 발표 스크립트, 썸네일 등 추가 제작
- 인포그래픽/차트 맞춤 제작
- 브랜드 매뉴얼, 회사소개서, IR 자료 등 파생 작업
- PPT → PDF/영상 변환 등 포맷 변환 서비스

8. 협업 확정 후 절차
- 계약/결제 이후 진행 순서(자료 수집 → 디자인 초안 → 피드백 → 최종본)
- 마일스톤/중간 점검 일정 안내
- 최종 산출물 전달 형식(PPT 원본/압축파일/온라인 링크)
- 사후 관리(작업 가이드, 추가 수정 지원 기간 등)

정리
위 리스트는 크게 **가격-일정-범위-협업 방식-퀄리티-리스크-추가 서비스-진행 절차**의 8개 카테고리로 나눌 수 있습니다. 이 구조대로 응대 매뉴얼을 만들면, 고객이 자주 묻는 질문(FAQ)과 클레임 상황 모두를 커버할 수 있습니다.

벤치마킹한 가이드를 토대로 내 서비스에서 실제로 필요한 상황들을 쭉 뽑아보았습니다. CS 매뉴얼은 한두

가지 질문에만 대응하는 문서가 아니라, 고객 여정 전체에서 반복적으로 등장하는 상황을 고려해야 합니다.

첫 문의가 들어올 때도 견적 관련, 일정 관련, 그리고 작업 범위 서비스 등 생각보다 다양한 질문들이 생기기 마련입니다. 이 모든 상황에 대응하는 CS 시나리오를 준비하면 효율적이고 빠르게 고객을 응대할 수 있겠죠.

3단계: 내 서비스를 위한 최종 매뉴얼 만들기(RO+M 공식)

[PROMPT]
Reference: 기업들의 CS 매뉴얼 공식을 참고해서 우리 매뉴얼에도 반영해.
Objective: 앞서 정리한 문의 항목별로 최종 응대 매뉴얼을 만들어줘. 우선 제일 많이 들어오는 질문 TOP 5만 추려서, 그 아래 실제 대화에서 바로 복사해 붙여 사용할 수 있는 문장을 제시해.
Mode: 매뉴얼 문서처럼 항목별로 정리해.
예시) [처음에 가격 문의를 하는 경우 / 예시 질문]

[결과물 예시]
좋습니다. 앞서 정리한 고객 문의 항목 중에서 실제 현장에서 가장 많이 들어오는 TOP 5 상황을 뽑아, 바로 복붙해서 쓸 수 있는 응대 매뉴얼을 작성했습니다.
PPT 디자인 서비스 고객 응대 매뉴얼(TOP 5)

1. 가격 문의를 하는 경우

- 예시 질문: "페이지당 얼마인가요?" / "예산이 100만 원인데 가능한가요?"
- 응대 문장: "문의 주셔서 감사합니다, ○○님. 기본 가격은 PPT 페이지 수와 난이도에 따라 산정되며, 보통은 [페이지 단가] 또는 [패키지 단가]로 진행되고 있어요. 말씀해주신 예산 기준으로는 약 ○○페이지 수준의 디자인이 가능합니다. 혹시 원하시는 전체 분량과 중요도가 높은 파트가 있다면 말씀해주시면, 최적의 견적을 다시 제안드릴 수 있어요."

2. 작업 소요 기간 문의

- 예시 질문: "완성까지 얼마나 걸리나요?" / "급하게 내일까지 가능할까요?"
- 응대 문장: "일반적으로는 분량 20페이지 기준 약 ○~○일 소요되고 있습니다. 만약 급하게 필요하시다면, 우선 핵심 파트만 우선 전달드리고, 나머지는 순차적으로 보완하는 방식도 가능해요. 정확한 마감일을 말씀해주시면, 그 일정 안에서 최선의 방법을 제안드리겠습니다."

3. 작업 범위/수정 횟수 문의

- 예시 질문: "수정은 몇 번까지 가능한가요?" / "작업 범위에 애니메이션도 포함되나요?"
- 응대 문장: "기본 서비스에는 레이아웃·컬러·폰트 정리까지 포함되어 있으며, 수정은 2회까지 무상으로 지원드리고 있어요. 애니메이션이나 인포그래픽 같은 고급 옵션은 추가로 선택하실 수 있습니다. 혹시 발표 목적이나 사용 상황을 알려주시면, 꼭 필요한 부분만 범위에 넣어서 불필요한 비용은 줄이고, 필요한 퀄리티는 보장해드릴 수

있어요."

4. 무리한 일정/요구 대응
- 예시 질문: "오늘 밤까지 다 완성해주실 수 있나요?" / "예산은 그대로인데, 수정은 무제한 가능하죠?"
- 응대 문장: "말씀 주신 긴급성과 기대하시는 퀄리티를 모두 이해했습니다, ○○님. 다만 요청해주신 조건은 현실적으로 품질을 보장하기 어렵습니다. 대신 가능한 대안을 바로 제안드릴게요. 예를 들어, **오늘 밤까지 핵심 10페이지만 먼저 완성**해드리고, 나머지는 내일 오전까지 전달드리는 방식은 어떠실까요? 이렇게 하면 일정은 지키면서도 완성도도 확보할 수 있습니다."

5. 협업 확정 시 다음 단계 안내
- 예시 질문: "진행하려면 어떻게 하면 되나요?"
- 응대 문장: "진행 의사 주셔서 감사합니다. 협업 절차는 아래와 같습니다.
1. 우선 결제를 플랫폼을 통해 진행해주시면,
2. 고객님 자료(초안·레퍼런스 PPT·브랜드 가이드 등)를 받아 정리하고,
3. 첫 디자인 초안을 ○일 내 공유드린 후, 피드백을 반영해 최종본을 완성합니다. 마지막으로 원본 파일과 가이드를 함께 드리니 이후에도 활용이 가능하세요. 혹시 자료 전달 방식이나 내부 보안 관련 요청 있으시면, 미리 말씀해주셔도 됩니다."

특징 요약
- 리츠칼튼식 이름 부르기: 고객 이름·호칭 반복 → 개인화된 친근감
- 애플식 구조: 질문(Probe) → 해결책(Present) → 경청(Listen) → 마무리(End)

- 스타벅스 방식: 경청(Listen) → 공감(Acknowledge) → 조치(Action) → 감사(Thank) → 설명(Explain)

프리랜서에게 CS는 단순히 예의 차원의 친절이 아니라 곧 매출과 직결되는 핵심 요소입니다. 특히 첫 문의에 어떻게 응답하느냐가 수주율에 큰 영향을 미칩니다. 고객 입장에서는 처음 보낸 메시지에 돌아오는 답변 속도와 태도에서 이미 '이 프리랜서가 얼마나 신뢰할 만한가'를 가늠합니다. 답변이 늦거나 성의 없이 돌아오면 아직 계약도 하기 전에 불안감을 느끼고, 결국 다른 프리랜서를 찾게 됩니다.

글로벌 기업들이 수많은 데이터와 사례를 기반으로 만들어낸 CS 가이드를 기반으로, 프로젝트 수주율을 높이는 CS 매뉴얼을 완성해 보았습니다. 나머지 상황별 응답 매뉴얼을 챗GPT와 완성하고 나면, 워드 파일 형태로 만들어 달라고 요청해서 다운로드 받을 수도 있습니다. 이제 작업을 하다가 중간에 문의가 와도 집중력이 흐트러지지 않게 매뉴얼대로 대답해서 일의 흐름을 유지하는 것이죠!

CHAPTER 03.

브랜드 대표를 위한 프롬프트

1. 사업가에게 AI는 전략적 파트너다

사업가는 단순히 회사를 운영하는 사람이 아닙니다. 한 사람 안에 전략가, 관리자, 세일즈맨, 마케터, 재무 담당자까지 수많은 역할이 겹쳐져 있습니다. 하루에도 수십 가지 결정을 내려야 하고, 그때마다 서로 다른 시선과 관점을 오가야 하죠. 대표가 혼자 이 모든 역할을 감당한다는 것은 결코 쉽지 않은 일입니다.

대표의 주요 업무는 다음과 같이 나눌 수 있습니다.

사업 전략 수립 – 시장조사와 트렌드 분석, 신사업 기회 발굴,

중장기 로드맵 설정

목표와 성과 관리 – KPI·OKR 설계, 팀별 성과 지표 관리, 데이터 기반 리뷰

조직 운영과 리더십 – 인재 채용, 역할 분배, 팀 빌딩과 내부 커뮤니케이션

자금 및 투자 관리 – 재무 계획, 투자자 미팅, IR 자료 제작, 현금 흐름 관리

브랜딩과 마케팅 – 브랜드 포지셔닝, 고객 페르소나 분석, 캠페인 기획과 실행

세일즈와 고객 관리 – 신규 고객 발굴, 제안서 작성, 협상, CS 응대

네트워킹과 파트너십 – 업계 행사 참여, 협력사 관리, 전략적 제휴 구축

이 모든 과정을 동시에 돌려야 회사는 제대로 굴러갑니다. 하지만 현실에서 시간과 에너지는 늘 한정적입니다. 그래서 많은 대표들이 '중요하지만 긴급하지 않은 일'들을 뒤로 미루고, 눈앞의 현안에만 매달리게 됩니다. 결국 대표라는 직업은, 여러 역할을 끊임없이 전환하며 균형을 유지해야 하는 멀티 플레이어라고 할 수 있습니다.

사업가의 하루는 수많은 선택과 결정을 내리는 시간의 연속입니다. 하지만 정작 전략을 고민하고, 목표를 설계하며, 투자자를 설득할 자료를 준비하는 데 쓸 수 있는 시간은 턱없이 부족합니다. 그래서 많은 대표들이 '본질적 사고'보다 '긴급한 실행'에 쫓겨 하루를 마무리하곤 합니다.

이때 AI는 가장 가까운 파트너가 될 수 있습니다. 수많은 데이터를 몇 분 안에 압축해 보여주고, 시장과 경쟁사의 흐름을 표로 정리해 주는 것은 물론, KPI와 OKR 같은 목표 체계를 빠짐없이 구조화해 줍니다. 대표는 더 이상 자료를 모으느라 지치지 않고, 판단과 실행에 집중할 수 있습니다. 투자자용 IR 자료를 준비할 때도 마찬가지입니다. "투자자가 궁금해할 포인트를 반영해 달라"는 프롬프트만으로도, 실제 컨설턴트가 만든 듯한 설득 구조를 제시해 줍니다.

AI가 효과적인 이유는 단순히 일을 줄여주기 때문이 아닙니다. 대표가 놓칠 수 있는 관점을 짚어주고, 일관된 프레임으로 사고의 질을 끌어올려 주기 때문입니다. 결국 AI는 비서가 아니라, 사업 컨설턴트이자 멘토 역할을 하는 것이죠.

2. 회사 목표 전략을 위한 3단계 프롬프트 공식

회사를 경영한다는 것은 단순히 오늘의 매출을 만드는 일이 아닙니다. 방향이 없는 실행은 결국 제자리걸음에 불과합니다. 그래서 대표가 해야 할 가장 중요한 일은 명확한 목표를 세우고, 그 목표를 향해 나아갈 전략을 설계하는 것입니다.

목표는 조직 전체가 같은 방향을 바라보게 만드는 나

구분	AI 활용 전	AI 활용 후
전략 수립	시장조사에 며칠 소요, 단편적 자료에 의존.	수 분 내 최신 시장 데이터와 경쟁사 분석 정리.
목표 관리 (KPI·OKR)	경험과 직관에 의존해 목표 설정, 팀 간 정렬 어려움.	업계 평균·트렌드 반영, 팀별 실행 계획까지 구조화.
투자자 대응(IR)	자료 수집과 작성에 수주일 소요, 설득 구조 미흡.	투자자 관점의 핵심 포인트 반영, 설득력 있는 초안 완성.
의사결정 속도	정보 부족으로 결정을 미루거나 감에 의존.	데이터와 시뮬레이션 기반으로 빠른 판단 가능.
업무 효율	마감과 고객 응대가 겹치면 피로도 급증, 작업 몰입도 저하.	리서치·정리 자동화로 핵심 업무에 집중.

침반이고, 전략은 한정된 자원을 어디에 집중할지 알려주는 지도입니다. 이 둘이 없으면, 아무리 열심히 달려도 도착지가 어딘지 알 수 없습니다.

문제는 목표와 전략을 세우는 과정이 생각보다 어렵다는 데 있습니다. 시장 상황은 끊임없이 바뀌고, 경쟁사는 늘 새로운 시도를 합니다. 대표 혼자 머릿속으로만 고민하다 보면, 객관성을 놓치기 쉽고 중요한 변수를 간과하기도 합니다.

이때, AI는 방대한 데이터를 몇 분 만에 정리해 업계의 흐름을 보여주고, 비슷한 기업들의 전략을 비교하며 빠진 조각을 짚어줍니다. 또 대표가 세운 목표를 토대로 "이 목표가 구체적이고 측정 가능한가?", "실행 가능한 단계로 쪼개졌는가?"를 검토해주기도 합니다.

1단계: 회사 데이터 기반해서 KPI 세우기(PRO+MT 공식)

[PROMPT]
Persona: 너는 스타트업 CEO의 전략 어드바이저야.
Reference: 다음은 1프로클래스의 기본 데이터야.
- 올해 회사 목표: 매출 8억 원 달성
- 멤버십 회원 700명 확보

- 기업 교육 프로젝트 30건 진행
- AI 실무 교육 시장 Top 5 진입
- KPI: MAU 2만 명, 강의 수강 완료율 70%, 멤버십 이탈률 5% 이하, 기업 만족도 4.5점 이상, 재구매율 35%

Objective: 위 데이터를 바탕으로 회사의 연간 목표와 KPI를 경영진 보고서 형식으로 체계적으로 정리해줘.

Mode: 목표를 비전/재무/고객/조직/제품 영역으로 나누고, 각 영역별 핵심 KPI를 붙여줘.

Tone: CEO가 팀과 공유할 수 있을 만큼 명료하고 간결하게.

[결과물 예시]
1프로클래스 2025 연간 목표 및 KPI 보고서

비전(Vision)
- 목표: AI 실무 교육 시장 Top 5 브랜드 진입
- 핵심 KPI:
- 업계 언론 및 매체 노출 횟수: 30회 이상
- 업계 순위 지표 Top 5 달성

재무(Financial)
- 목표: 연 매출 8억 원 달성
- 핵심 KPI:
- 멤버십 매출 비중: 50% 이상
- 기업 교육 프로젝트 30건 이상 수주
- 재구매율 35% 이상

고객(Customer)
- 목표: 충성도 높은 고객 기반 확대
- 핵심 KPI:
- 멤버십 회원 수: 700명 확보
- 멤버십 이탈률: 5% 이하 유지
- 고객 만족도: 평균 4.5점 이상
- MAU(월간 활성 사용자): 2만 명

조직(Organization)
- 목표: 실행력 있는 팀과 학습 조직 구축
- 핵심 KPI:
    o 팀 OKR 달성률 80% 이상
    o 내부 교육 세션 분기별 1회 진행
    o 직원 만족도 조사 평균 4점 이상

제품/콘텐츠(Product & Content)
- 목표: 차별화된 AI 실무 교육 콘텐츠 확장
- 핵심 KPI:
    o 강의 수강 완료율: 70% 이상
    o 신규 강의 출시: 분기별 2개 이상
    o 실습 기반 교육 콘텐츠 비중: 60% 이상

이 구조라면 경영진 보고 시 명확하게 각 부문 목표와 수치형 KPI를 대응시킬 수 있어 팀별 실행 과제로 자연스럽게 연결됩니다.

AI와 대화를 시작할 때 가장 중요한 것은, 막연하게 "KPI 세워줘"라고 던지지 않는 것입니다. 그보다는 내 회사의 맥락을 먼저 설명해주고, 그 위에서 KPI를 구조화하도록 요청하는 게 훨씬 효과적입니다.

예를 들어 "올해 매출 목표가 얼마인지, 멤버십 회원은 몇 명을 확보하고 싶은지, 기업 교육 프로젝트를 얼마나 진행할 계획인지" 같은 핵심 데이터를 담아야 합니다. 여기에 고객 지표, 서비스 만족도, 재구매율처럼 사업의 성패를 좌우하는 구체적인 수치까지 알려주면, AI는 훨씬 더 정교하게 전략을 제안할 수 있습니다.

2단계: 목표 설정 후 OKR로 구체화하기(PRO+MT 공식)

[PROMPT]
Persona: 너는 구글식 OKR 코치야.
Reference: 1단계에서 정리한 목표와 KPI를 참고해.
Objective: 1프로클래스의 연간 목표를 OKR(Objectives and Key Results) 구조로 재정리해줘. 'Objectives'는 도전적이고 영감을 주는 문장으로, 'Key Results'는 3~4개씩 측정 가능한 수치 기반으로 구체화해.
Mode: 표 형식으로 정리해서, 각 Objective 아래에 Key Results가 나오도록.

Tone: 스타트업 경영진이 바로 실행할 수 있도록 실무적인 톤으로.

[결과물 예시]

Objectives	Key Results(측정 가능한 성과 지표)
O1. AI 실무 교육 시장의 Top 5 브랜드로 자리매김한다	- 업계 순위 지표 Top 5 진입 - 업계 언론 및 매체 노출 30회 이상 - 업계 파트너십/콜라보 프로젝트 5건 진행
O2. 지속 가능한 수익 구조를 확보해 매출 8억 원을 달성한다	- 연 매출 8억 원 달성 - 멤버십 매출 비중 50% 이상 - 기업 교육 프로젝트 30건 이상 수주 - 재구매율 35% 이상 유지
O3. 충성도 높은 학습자 커뮤니티를 구축한다	- 멤버십 회원 700명 확보 - 멤버십 이탈률 5% 이하 유지 - 고객 만족도 평균 4.5점 이상 - MAU(월간 활성 사용자) 2만 명 달성
O4. 학습 성과 중심의 교육 콘텐츠를 제공한다	- 강의 수강 완료율 70% 이상 - 분기별 신규 강의 2개 이상 출시 - 실습 기반 교육 콘텐츠 비중 60% 이상 유지
O5. 실행력 있는 스타트업 문화를 정착시킨다	- 팀 OKR 달성률 80% 이상 - 내부 교육 세션 분기별 1회 진행 - 직원 만족도 평균 4점 이상

회사의 성과 관리 체계는 보통 KPI에서 출발합니다. KPI는 반드시 관리해야 할 핵심 지표로, 매출액·이탈률·재구매율처럼 성과를 수치로 보여줍니다. 하지만

KPI만으로는 방향성이 부족하기 때문에, 이를 토대로 OKR을 세우게 됩니다. OKR은 "우리가 어디로 가고 싶은가(Objective)"를 정하고, 그 목표가 달성되었음을 증명할 수 있는 "핵심 결과(Key Results)"를 설정하는 방식입니다.

AI가 KPI와 OKR을 잘 세워주는 이유는 방대한 데이터와 사례를 바탕으로 현실적인 기준선을 제시하기 때문입니다. 대표 혼자라면 경험과 직관에 기대기 쉽지만, AI는 업계 평균과 글로벌 기업의 벤치마킹 자료까지 참고해 구체적이고 실행 가능한 지표를 도출합니다. 또한 단순히 KPI를 나열하는 데서 그치지 않고, 이를 OKR의 큰 목표와 연결해 왜 중요한지까지 설명해주기 때문에, 대표는 더 객관적이고 균형 잡힌 성과 관리 체계를 단시간에 마련할 수 있습니다.

3단계: OKR 참고해서 각 팀별 로드맵 짜기(RO+MT 공식)

[PROMPT]
Reference: 2단계에서 도출한 OKR을 참고해.
Objective: 1프로클래스가 3·4분기에 OKR을 달성하기 위해, 각 팀(마케팅팀 / 기획팀 / 콘텐츠팀 / 운영팀)별로 구체적인 실행 미션과 체크리스트, 그리고 분기별 로드맵을 작성해줘.

Mode:

1. 팀별 미션(한 줄 핵심 목표)

2. 세부 체크리스트(5개 이내, 측정 가능한 액션 위주)

3. 로드맵(Q3, Q4로 나눠 단계적 실행 플랜)

Tone: 동기부여를 불러일으킬 수 있는 미션을 부여해줘.

[결과물 예시]
1프로클래스 Q3·Q4 팀별 실행 플랜

1. 마케팅팀

- 미션: "1프로클래스를 시장 Top 5 브랜드로 각인시킨다"
- 체크리스트
- SNS 채널(인스타·유튜브) 합산 팔로워 3만 달성
- 퍼포먼스 광고 CTR 2% 이상 유지
- 업계 매체 PR 기사 10건 이상 게재
- 웨비나·세미나 월 1회 진행
- 리드 → 회원 전환율 15% 달성
- 로드맵
- Q3: SNS 콘텐츠 운영 매뉴얼 확립, 웨비나 시리즈 론칭, 첫 언론 기사 배포, 광고 채널 A/B 테스트
- Q4: 브랜딩 캠페인 집행, 팔로워 성장 집중, 업계 Top 5 랭킹 진입 위한 PR 집중

2. 기획팀

- 미션: "시장과 고객 인사이트로 교육의 방향성을 선도한다"
- 체크리스트

- 경쟁사 벤치마킹 리포트 분기별 1회 작성
- 신규 교육 니즈 조사(설문/인터뷰) 100명 이상 확보
- 기업 교육 프로그램 제안서 20건 작성
- KPI 모니터링 리포트 주간 발행
- 신규 사업 아이디어 최소 2건 제안

- 로드맵

- Q3: 시장 리서치 리포트 발행, 기업 제안서 샘플 구축, KPI 트래킹 체계 확립
- Q4: 신규 교육 니즈 반영한 서비스 패키지 론칭, 기업 교육 제안서 성과 점검 및 확대

3. 콘텐츠팀

- 미션: "학습 성과 중심의 콘텐츠로 차별화된 가치를 만든다"
- 체크리스트

- 분기별 신규 강의 2개 이상 제작
- 강의 수강 완료율 70% 이상 달성(학습 UX 개선)
- 실습 기반 교육 콘텐츠 비중 60% 확보
- 강의 후기(영상·텍스트) 50개 이상 수집
- 멤버십 전용 콘텐츠 월 2회 발행

- 로드맵

- Q3: 신규 강의 2개 론칭, 수강생 후기를 적극 수집, 실습 템플릿·워크북 표준화

- Q4: 완성도 높은 커리큘럼 확장, 실습형 프로젝트형 강의 출시, 후기 기반 콘텐츠 리뉴얼

4. 운영팀
- 미션: "멤버십 이탈률 5% 이하의 안정적 운영을 완성한다"
- 체크리스트
- 멤버십 회원 700명 달성 및 유지율 95% 이상 확보
- 고객 문의 대응 평균 24시간 이내 처리
- NPS(추천지수) 조사 분기별 1회 실행
- 내부 교육 세션 분기별 1회 운영
- 기업 교육 만족도 4.5점 이상 달성
- 로드맵
- Q3: 멤버십 온보딩 프로세스 강화, 고객 대응 매뉴얼 완성, 내부 교육 프로그램 시범 운영
- Q4: CS 자동화 도입, 이탈 고객 분석 기반 개선책 실행, 만족도 피드백 시스템 고도화

이렇게 팀별로 실행 미션 → 체크리스트 → 로드맵을 연결하면, 경영진이 바로 팀 회의에서 배분하고 점검할 수 있습니다.

대표가 AI에게 팀별 미션과 체크리스트, 분기별 로드맵을 요청하면, 추상적인 목표가 곧바로 실행 가능한 계획으로 바뀝니다. 더 이상 "목표는 이거니까, 알아서 해

보자"와 같은 막연한 방식이 아니라, 팀이 따라갈 수 있는 구체적인 행동 지침이 생기는 것이죠. 이 과정을 통해 회사 전체가 같은 목표를 향해 움직이게 되고, **빠른 속도로 성장 가도에 올라탈 수 있게 됩니다.**

3. 투자 유치를 위한 IR자료 제작 3단계 프롬프트

사업가에게 IR자료가 중요한 이유는 단순합니다. 투자자를 설득해 자금을 확보해야 하기 때문입니다. 아무리 좋은 제품과 아이디어가 있어도, 이를 뒷받침할 근거와 시장의 가능성을 보여주지 못하면 투자는 이루어지지 않습니다. 투자자는 언제나 리스크보다 성장 가능성을 보고 싶어 하고, IR자료는 바로 그 판단의 기준이 됩니다.

AI를 활용하면 이 과정을 훨씬 효율적이고 설득력 있게 준비할 수 있습니다. 시장 데이터와 경쟁 환경, 고객 세그먼트를 빠르게 구조화해 투자자의 눈높이에 맞춘 논리를 세워주기 때문입니다. 사업가는 자신의 비전과 전략에 AI의 분석을 결합함으로써, 짧은 시간 안에 "이 회사는 성장할 준비가 되어 있다"는 확신을 투자자에게 심어줄 수 있습니다.

1단계: 투자 제안서에 필요한 시장조사 요청하기 (PRO+MT 공식)

[PROMPT]

Persona: 너는 스타트업 투자 자료를 준비하는 시장조사 전문가야.
Reference: 회사명은 1프로클래스이며, 업종은 온라인 AI 실무 교육이야.
Objective: 투자자 관점에서 볼 수 있는 시장 기회와 고객 세그먼트를 조사 및 정리해줘.
Mode: 1. 시장 규모(글로벌 & 한국, 최근 성장률, 향후 전망) / 2. 경쟁 환경(기존 온라인 교육 시장 vs AI 실무 교육 시장) / 3. 고객 세그먼트(스타트업 창업자, 프리랜서·마케터, 기업 실무자, 대학생·취준생 등)별 특징과 니즈
Tone: 데이터 기반으로 신뢰감 있게, 투자자가 "이 시장은 성장성이 있다"고 느낄 수 있도록, 마크다운 형식으로 정리해.

[결과물 예시]
1프로클래스 시장 기회 & 고객 세그먼트 분석(투자자 관점)
최신 수치와 신뢰 기반으로 정리했습니다.

1. 시장 규모와 성장 전망(Global & Korea)

- 글로벌 관점
- Corporate e-Learning: 2024년 1,043억 달러 → 2030년 3,350억 달러(CAGR 약 21.5%) 성인 재교육·업스킬 수요와 디지털 학습 플랫폼

확장에 따른 구조적 성장
- e-Learning Services(콘텐츠 제작·맞춤 교육·플랫폼 운영): 2024년 2,997억 달러 → 2030년 8,426억 달러(CAGR 19%) 원격·하이브리드 학습

전환이 주요 동력
- 교육 전체 시장: 2030년 약 10조 달러 전망. 성인·직무 재교육이 핵심 성장 구간
- 수요 신호: Coursera 학습자 1억 8,300만 명(2025년 6월 기준). 생성형 AI 강의 등록량 분당 12건('23년 1건 → '25년 12건)
• 한국 관점
- Corporate e-Learning(한국): 2024년 16억 달러 → 2030년 74.6억 달러(CAGR 29.3%)
- 정부 정책: K-디지털 트레이닝(2024년 연간 57,689명 양성) → 공공 재원 투입으로 B2G·B2B 수요 안정성 확보

2. 경쟁 환경 분석
• 기존 온라인 교육 시장
- 멀티캠퍼스(삼성 계열): 5년 누적 1.8만 기업 고객, 국내 100대 기업의 90% 확보, 보유 콘텐츠 8.4만, 누적 학습자 2,200만. 기업 네트워크·운영 역량 강점
- 데이원컴퍼니(패스트캠퍼스/제로베이스/콜로소): 2024년 매출 1,276억 원. 직무교육 카테고리 대중적 인지도 확보 한계, AI 실무 특화는 분산 구조
- Coursera, Udemy Business: 대규모 카탈로그·기업 구독 모델. 생성형 AI 기반 스킬 재편 가속화
• AI 실무 교육(GenAI 중심)
- 기업 도입 확산: 2025년 기준 78% 기업이 AI 사용, 71%가 생성형 AI 정기적 사용도입 부문(마케팅·세일즈·제품개발·운영·SW 엔지니어링)

- 교육 공백: 전통 HRD·대학 강의는 범용/이론 중심기업은 성과형·실전·짧은 과정 선호로 변화 중

3. 고객 세그먼트별 특징과 니즈

- 스타트업 창업자/리더
- 과업: 시장조사 → 고객개발 → MVP/콘텐츠 제작 → 세일즈/IR
- 니즈: AI 기반 자동화, 빠른 성과
- 트리거: 2~4주 성과 지표 변화, 산업별 레퍼런스
- 선호 포맷: 스프린트형 코호트, 실전 과제 리뷰
- 프리랜서·마케터·크리에이터
- 과업: 제안서·상세페이지·광고소재·SNS 운영
- 니즈: 카피/디자인 치트키, 작업시간 단축
- 트리거: 단기 수입 증대, 툴 번들 제공
- 선호 포맷: 짧은 마이크로 러닝, 프롬프트 팩
- 기업 실무자(마케팅/세일즈/CS/운영/개발)
- 과업: AI PoC → 상용화, 가이드라인 정착
- 니즈: KPI 연결형 적용법, 보안·컴플라이언스 준수
- 트리거: 팀 성과 개선, 벤치마크 사례
- 선호 포맷: 맞춤 워크숍, 역할별 캡스톤
- 투자 포인트 요약
- 거시 성장: 글로벌 Corporate e-Learning CAGR 21.5%, Services CAGR 19%, 한국 CAGR 29.3%
- 수요 변화: 71% 기업이 생성형 AI 정기 활용 → 실무 교육 수요 구조화
- 채널 증명: Coursera AI 과정 급증(분당 12건 등록) → 시장 저변 확대
- 한국 특수: 정부 디지털 인재 양성, 공공 재원 유입으로 B2G·B2B 동

반 성장
- 경쟁 구도: HRD는 범용, MOOC는 대규모. 시장은 실무형·성과형 교육에 기회 존재

  시장조사는 투자자를 설득하는 IR자료의 출발점이자 핵심 근거입니다. 시장의 크기와 성장성, 경쟁 구도, 고객 세그먼트를 명확히 보여주지 못하면 투자자는 그 회사의 미래를 신뢰하기 어렵습니다.

  과거에는 이 작업이 리서치 업체나 보고서에 의존하는 느리고 비싼 과정이었다면, AI는 방대한 데이터를 빠르게 구조화해 투자자가 궁금해할 지점을 정확히 짚어냅니다. 덕분에 작은 회사도 짧은 시간 안에 글로벌 기업 못지않은 설득력 있는 시장 인사이트를 제시할 수 있고, 이는 곧 투자 유치의 가능성을 높이는 결정적 무기가 됩니다.

2단계: 회사 포지셔닝 및 미래 전망 세우기(PRO 공식)

[PROMPT]

Persona: 너는 스타트업 투자 유치 전문가야.
Reference: 1단계에서 도출한 시장조사와 타겟 분석 결과를 참고해.
Objective: 투자자가 관심을 가질 수 있도록 1프로클래스만의 차별화 포인트, 포지셔닝, 미래 전망을 정리해줘.

[결과물 예시]

아래는 투자자 관점에서 정리한 1프로클래스의 차별화 포인트, 시장 내 포지셔닝, 그리고 미래 전망입니다.

1. 차별화 포인트(Differentiation)

- 성과 중심 교육(Outcome-Oriented)
- 단순 이론 학습이 아닌 "2~4주 내 가시적 산출물 & KPI 변화"를 보장하는 교육.
- 예: AI로 회사소개서, 상세페이지, 제안서 제작 → 실제 비즈니스에 즉각 적용.
- 직무 맞춤형 워크플로우
- 마케팅, 세일즈, 기획, 디자인 등 현업 워크플로우를 그대로 반영한 실무형 커리큘럼.
- 툴 사용법이 아니라, "업무 성과로 직결되는 치트키" 제공.
- 민첩한 커리큘럼 업데이트
- AI 툴·생성형 모델 업데이트에 맞춰 분기별 커리큘럼 개편.
- 템플릿, 프롬프트팩, 산업별 플레이북을 모듈화해 빠른 적용 가능.
  - 고객 세그먼트 최적화
- 대기업 위주의 HRD와 MOOC 플랫폼 대비, 스타트업·프리랜서·SMB 실무자에게 초점을 맞춘 "니치-집중 전략".

2. 포지셔닝(Positioning)

- 경쟁 대비 맵
- 글로벌 MOOC: 콘텐츠 폭 넓지만 개인화·성과 연동 약함.
- 국내 대형 HRD사: 조직 맞춤 강하지만 중소·개인 접근성 낮음.
- 1프로클래스: "성과형·실습형·민첩형" AI 실무 교육 → 실행형 교육의 카테고리 리더.
- Value Proposition
- "누구나 제로에서 시작해, 단기간에 프로처럼 성과를 내는 AI 실무 교육"
- 핵심 메시지: Zero to Pro, Fast.

3. 미래 전망(Future Outlook)

- 시장 확장성
- 글로벌 Corporate e-Learning 연평균 성장률 21.5%, 한국은 29.3%로 더 빠른 성장세.
- 2025년 기준 기업의 71%가 생성형 AI를 정기적으로 활용, 실무형 교육 수요 구조적 확대.
- 제품 확장 로드맵
- 단기: 프리랜서·창업자 대상 성과형 챌린지 과정.
- 중기: SMB·기업 맞춤형 워크숍 + SaaS 번들 패키지.
- 장기: 글로벌 온라인 코호트 확장, 산업별 전용 과정(리테일, F&B, 헬스케어 등).
- 투자자 Value Upside
- B2C(개인 유료 강의·멤버십) + B2B(기업 교육·컨설팅) + B2G(정부 인재 양성 사업 참여) 삼각 매출 구조 확보 가능.

- AI 생태계 확장에 따라, 툴·플랫폼과의 파트너십을 통한 부가가치 창출 잠재력.

정리하면, 1프로클래스는
- 대형 HRD나 글로벌 MOOC가 커버하지 못하는 "성과형·실무 중심" 세그먼트를 빠르게 선점할 수 있는 위치에 있고,
- AI 교육의 고성장 흐름 속에서 짧고 강력한 실행형 교육 카테고리를 새롭게 정의할 수 있는 잠재력을 보유한 브랜드입니다. 즉, 투자자 입장에서는 "지금 빠르게 성장하는 AI 실무 교육의 선도 주자"로 평가될 수 있습니다.

시장조사가 판의 크기를 보여주는 일이라면, 포지셔닝은 그 판 위에서 우리 회사가 어디에 자리 잡는지를 설명하는 과정입니다. 투자자는 시장이 크다는 사실만으로는 움직이지 않고, 경쟁자 사이에서 우리 회사가 어떤 차별성을 가지며 어떤 고객을 정확히 겨냥하는지를 알고 싶어 합니다.

AI는 경쟁사의 강점과 약점을 빠르게 분석하고, 그 사이에서 우리가 취할 수 있는 차별화 지점을 구체적으로 제안해 줍니다. 덕분에 대표는 막연한 슬로건이 아니라 데이터 기반의 명확한 포지셔닝을 제시할 수 있고,

이는 투자자에게 "이 회사는 시장에서 뚜렷한 자리를 확보하고 있다"라는 확신을 주게 됩니다.

3단계: 투자자를 설득시키는 IR 스토리라인 구조 잡기 (OMP 공식)

[PROMPT]
Objective: 투자자가 관심을 가질 수 있도록 IR 스토리라인을 구조화해줘.
Mode: IR 발표용 목차를 제안하고, 각 목차별 핵심 포인트를 정리해.
Point of view: 투자자 입장에서 투자하기 매력적인 브랜드로 설득해야 해.

[결과물 예시]
IR 발표 스토리라인은 투자자가 빠르게 "이 회사는 성장할 수밖에 없다"라는 확신을 갖도록 구조화하는 것이 핵심입니다. 아래는 1프로클래스에 적합한 IR 발표용 목차와 각 목차별 핵심 포인트 제안입니다.

IR 발표 목차 및 핵심 포인트
1. Intro - Why Now?
- AI 시대, 전 세계 기업의 71%가 생성형 AI를 정기적으로 활용 중 → 실무 적용 인재 부족 심각
- 한국은 연평균 29% 성장률로 교육 시장 확장, 정부 주도의 디지털 인재 양성 수요 폭증

- "실무형 AI 교육"은 아직 초기 시장 → First Mover Advantage 강조

2. Market Opportunity
- 글로벌 Corporate e-Learning 시장 CAGR 21.5%, 한국은 29.3%
- MOOC/대형 HRD는 이론·범용 중심, 실무·성과 중심 교육의 블루오션 존재
- "실무형 AI 교육"은 아직 초기 시장 → First Mover Advantage 강조

3. Problem & Gap
- 현 교육 시장의 한계:
- MOOC → 방대한 콘텐츠, 하지만 개인화·성과 연동 부족
- 대기업 HRD → 조직 맞춤형이지만 개인·스타트업 접근 어려움
- 고객 니즈: "2~4주 안에 바로 업무 성과를 만드는 실행형 교육"

4. Solution - 1프로클래스
- Value Proposition: Zero to Pro, Fast
- 차별화 포인트: • 성과형(KPI 변화 보장)
- 실무형(워크플로우 기반) • 민첩형(분기별 커리큘럼 업데이트)
- 제품 구조: 챌린지 과정, 실무 코스, 기업 맞춤 워크숍, 멤버십

5. Business Model
- B2C: 온라인 강의·챌린지(구독 + 개별 결제)
- B2B: 기업 맞춤형 교육·컨설팅(팀 단위)
- B2G: 정부 인재 양성 사업 참여
- 매출 구조 다변화 → 안정적 성장 기반

6. Traction & Validation

- 이미 검증된 성과: 4주 챌린지 과정 수강생 후기, 작업 산출물 Before/After
- 재구매율, 수강완료율, 이탈률 등 핵심 지표 → 투자자에게 신뢰 주는 지표
- 주요 고객 세그먼트 확보 사례(프리랜서, 스타트업, 기업팀)

7. Competitive Landscape

- 경쟁자 포지셔닝 맵(이론 vs 실무, 개인 vs 조직)
- 1프로클래스 = 실무 중심 + 개인·SMB 최적화 → Uncontested Space
- 글로벌 확장성: 한국 → 아시아 → 글로벌 온라인 코호트

8. Future Roadmap

- 단기(1~2년): 국내 B2C 성장, 스타트업·프리랜서 레퍼런스 확보
- 중기(3년): B2B 기업 교육 확장, SaaS/AI 툴 제휴
- 장기(5년): 글로벌 시장 진출, 산업별 맞춤 AI 실무 교육 플랫폼화

9. Financial Projection

- 매출 목표: 2025년 8억 원 → 2027년 50억 원
- LTV/CAC 구조, 구독 기반 성장성, B2B 확장에 따른 고마진 구조 강조
- ROI 지표 기반으로 투자자 설득

10. Team

- Founder: 디자인·교육·AI 실무 경험 → 즉시 실행 가능한 역량

- 강사진: 현업 기반 전문가 네트워크
- Advisory: AI·스타트업·교육업계 전문가 협력

11. Investment Ask & Use of Funds
- 투자 요청 규모: ○억 원
- 자금 사용 계획: 콘텐츠 개발/업데이트(30%), 마케팅·그로스 확장(40%), 기업용 솔루션·플랫폼 개발(20%), 운영 및 팀 확장(10%)
- 자금 투입 후 예상 KPI & 성장 곡선 제시

Closing - Vision
- "1프로클래스는 단순한 교육회사가 아니라, 비즈니스 실무의 AI 전환 파트너."
- 글로벌 AI 실무 교육 카테고리를 리드하며, 5년 내 아시아 대표 브랜드로 도약 목표

이 구조를 따르면, 투자자는 (1)시장 성장성 → (2)미충족 니즈 → (3)해결책과 강점 → (4)성장성과 확장성 → (5)투자 매력까지 논리적으로 설득당하게 됩니다.

IR에서 사업가들이 종종 실수하는 건 본인 입장에서 우리 회사에 대해서 하고 싶은 이야기 위주로 IR을 짜는 것입니다. IR은 철저하게 투자자 입장에서 생각해서 논리적인 구조와 스토리라인을 잡아야 합니다.

프롬프트 중에 Point of View 공식인 '투자자 입장에서'를 꼭 추가해서 써주세요. 그러면 왜 우리 회사가 투자할 만큼 매력적이고, 성장 가능성이 있는지를 설득력 있게 제안할 수 있는 IR 자료 흐름이 완성됩니다. 회사 목표부터 투자 제안서까지, 사업가의 훌륭한 파트너로서 AI의 역할이 점점 중요해지고 있습니다.

CHAPTER 04.

기획자&마케터를 위한 프롬프트

1. 기획자&마케터에게 AI는 똑똑한 팀원이다

　기획자와 마케터의 가장 큰 과제는 '아이디어'와 '설득력'을 동시에 만들어내는 것입니다. 하지만 현실은 다릅니다. 시장 보고서를 찾고, 경쟁사 자료를 정리하며, 고객 데이터를 분석하다 보면 하루가 훌쩍 지나갑니다. 정작 기획안이나 제안서를 쓸 때는 뻔한 슬로건과 형식적인 카피로 채워져 답답함만 남는 경우가 많습니다. 기획자와 마케터가 통상적으로 맡는 업무는 다음과 같습니다.

시장 및 트렌드 리서치 – 새로운 소비 트렌드와 업계 동향을 파악.

고객 분석 및 페르소나 정의 – 수많은 데이터 속에서 핵심 고객의 니즈를 도출.

캠페인 아이디어 발굴 – 한정된 시간 안에 차별화된 메시지와 콘셉트를 발굴.

광고 카피 및 콘텐츠 제작 – AIDA, PAS 같은 프레임워크를 반영해 설득력 있는 메시지 전달.

제안서 및 성과 리포트 작성 – 방대한 정보를 구조화해 설득력 있는 문서로 정리.

이때 AI는 단순 반복적인 리서치를 대신하고, 기획자가 전략과 크리에이티브에 집중할 수 있도록 돕습니다. 트렌드 리서치를 통해 새로운 인사이트를 빠르게 확보하고, 데이터 분석 기반으로 광고 소재 아이디어를 구체화할 수 있습니다. 수많은 데이터들을 일일이 뜯어보지 않고, AI가 빠르고 정확도 높게 분석하며 아이디어까지 제안을 해주는 것이죠.

2. 트렌드 리서치를 위한 3단계 프롬프트 공식

기획과 마케팅의 출발점은 언제나 '시장과 소비자의 흐름을 제대로 읽는 것'입니다. 하지만 수많은 자료 속에서 핵심 인사이트만 뽑아내는 일은 결코 쉽지 않습니다. 경쟁사 리포트, 소비자 설문, 언론 기사와 블로그 글까지 모두 찾아야 하니 시간과 에너지가 크게 소모됩니다.

이럴 때 AI에게 명확한 프롬프트를 주면, 최신 트렌드와 주요 키포인트를 빠르게 요약 정리해주어 기획자는 본질적인 전략 설계에 집중할 수 있습니다. 이제 우리는 제로 슈거·제로 칼로리 에너지 음료 브랜드인 '제로바운스'의 마케팅 기획자라고 생각해보고, 트렌드 리서치부터 기획안 작성까지 차근차근 해볼게요.

1단계: 최근 6개월간의 트렌드 리서치하기(PRO+M 공식)

[PROMPT]
Persona: 너는 소비자 리서처야.
Objective: 제로 슈거·제로 칼로리 에너지 음료 시장을 조사해줘.
Reference: 1) 최근 6개월간 한국에서 음료/에너지 드링크 소비 트렌드
Mode: 마크다운 형식으로 정리해줘.

[결과물 예시]

제로 슈거·제로 칼로리 에너지 드링크 시장 리서치(대한민국, 최근 6개월)

1) 최근 6개월 소비 트렌드 요약

트렌드	핵심 시그널	근거/예시
제로가 기본값으로 정착	음료 선택에서 '당' 회피가 최우선, 제로 음료를 건강한 기본 옵션으로 인식	오픈서베이 2025 음료 트렌드: 음료 선택 시 건강 고려 65.7%, 피하거나 조절하는 성분 1위 '당류(62.1%)'; 20대는 칼로리·카페인 민감.
편의점 중심의 초고속 확산	제로 탄산이 편의점 탄산 매출의 과반 차지	GS25: 제로 탄산 음료 매출 비중이 전체 탄산의 절반 이상으로 확대('24 자료, 구조적 추세).
가성비· 대용량 제로 에너지	150mg 카페인·타우린 1,000mg, 제로 슈거, '1+1' 프로모션	CU '파이어엑스'(500ml) 출시: 기존 대비 최대 40% 저렴, 제로 슈거·고카페인·프로모션.
모디슈머/ 레시피의 제품화	DIY 조합이 PB 상품으로 정식 출시되어 카테고리 리더십 변동	GS25 '얼박사' 출시 1개월 100만 캔, 편의점 에너지음료 매출 1위(폭염 주간 매출 6배↑).
기능성 다변화 (프로틴·회복)	운동/피트니스 결합형 음료 수요 지속 확대	단백질 함량·맛을 동시에 강조한 제품군 고성장(닥터유 PRO 등).
카페인 '조절' 니즈	세대별 카페인 민감도 상승, '저·무카페인' 메시지 병행	20대 카페인 조절 성향↑ (오픈서베이).

핵심 인사이트
- 제로·저당은 선택이 아닌 전제입니다. 가격/용량 메리트와 결합한 제로 에너지가 편의점에서 빠르게 침투 중입니다.
- 사용자 주도 '레시피 경험(모디슈머)'을 상품화하면 단기간 볼륨을 만들 수 있습니다(얼박사 사례).
- 운동·회복·단백질 메시지가 에너지/기능성 음료 전반에서 수요를 견인합니다.

트렌드 분석을 통해 큰 시장의 흐름을 읽었다면, 그다음 단계는 경쟁사의 전략을 해부하는 일입니다. 소비자들은 수많은 브랜드 중에서 왜 특정 제품을 선택하는지, 그 이유를 알기 위해서는 경쟁사가 어떤 USP를 내세우고, 어떤 메시지와 채널로 고객과 소통하는지를 파악해야 합니다. 이 과정이 단순한 벤치마킹이 아니라, 우리 브랜드가 차별화할 수 있는 지점을 찾아내는 핵심 키포인트가 됩니다.

2단계: 경쟁사 브랜드 캠페인 분석하기(OT 공식)

[PROMPT]
Objective: 우리 브랜드와 경쟁하는 에너지 드링크 3개를 선정하고,

최근 1년간 한국 시장에서 집행된 주요 에너지 드링크 캠페인 사례 위주로 각 브랜드의 마케팅 포인트를 분석해줘.
Tone: 전략 보고서처럼 간결하고 분석적인 톤으로 작성해줘.

[결과물 예시]
경쟁 브랜드 마케팅 포인트(요약)

레드불(Red Bull)

- 포지셔닝: 퍼포먼스·컬처 결합형 에너지 드링크(스포츠·댄스·이벤트 중심의 브랜디드 콘텐츠).
- 제품 포트폴리오: 오리지널, 슈거프리/제로, 시즌·에디션 운영(국내 컬렉션 페이지 기준).
- 핵심 액티베이션
- 대형 오프라인·참여형 이벤트(예: Red Bull Dance Your Style Korea 2025).
- 캠퍼스·현장 침투(학생 마케터/샘플링·온오프 미션 기반 커뮤니티 운영).
- 요약 포인트: "이벤트 → 커뮤니티 → 미디어" 풀펀널로 '경험'을 판매, 에디션·슈거프리로 취향 세분화.

몬스터 에너지(Monster Energy)

- 포지셔닝: 익스트림 스포츠·e스포츠·뮤직 페스티벌을 통한 'Beast' 아이덴티티 강화.
- 제품 포트폴리오: 코어 라인 + 제로 슈거(울트라 등) 확장, 대용량 355/500ml 채널 최적화(국내 편의점 주력 카테고리).
- 핵심 액티베이션

- e스포츠·팬 행사(Gen.G 팬데이 등)로 Z세대 팬덤 접점 강화.
- 뮤직 페스티벌 파트너십(One Universe 2025 공식 파트너).
- 캠퍼스 앰배서더(6개월 활동, 기획·프로모션 미션).
- 요약 포인트: 강한 현장성(페스티벌·e스포츠·캠퍼스)과 대용량/가성비로 '볼륨' 극대화.

핏 에이드(FITAID by LIFEAID)

- 포지셔닝: 운동 회복/퍼포먼스 특화 '클린 레이블' 기능성 드링크(자연 유래 감미, BCAA·전해질·비타민 등).
- 제품 포트폴리오: Recovery, RX(크레아틴/제로 라인 포함), Energy(클린 카페인/제로 설탕 라인)로 세분.
- 핵심 액티베이션
- 박스짐/크로스핏 등 '체험 중심' 채널과 선수·동호인 커뮤니티를 통한 니치 침투(글로벌 표준 플레이).
- 요약 포인트: 제로·클린·회복 포지션으로 하드코어 운동 커뮤니티 니치에서 충성도 확보.

경쟁사의 전략까지 분석했다면 이제는 우리 브랜드만의 시각을 담아 정리할 차례입니다. 여기서 중요한 것은 단순히 수집한 데이터를 나열하는 것이 아니라, '제로바운스'라는 팀의 관점으로 해석해 리포트를 만드는 것입니다.

시장 트렌드와 경쟁사 포인트를 연결해 우리가 발견

한 인사이트를 체계적으로 서술하면, 제안서나 캠페인 전략의 설득력이 한층 강화됩니다. 즉, 데이터 수집에서 끝나는 것이 아니라, 데이터를 우리만의 스토리와 메시지로 전환하는 단계가 바로 이 리포트 작성입니다.

3단계: 우리 브랜드 마케팅 전략 보고서 작성하기(PRO+M 공식)

[PROMPT]
Persona: 너는 제로바운스 브랜드팀의 5년차 기획자야.
Objective: 제로바운스 브랜드 관점에서 이번 분기 트렌드 리포트를 작성해줘.
Reference:
브랜드 컨셉 "당 부담은 제로, 활력은 바운스!"
하루를 가볍게 시작하고 싶은 MZ세대를 위한 건강 에너지 스파클링.
제품 스펙
형태: 스파클링 캔 음료(250ml / 350ml 두 가지 라인업)
성분 & 기능성 포인트:
제로 슈거·제로 칼로리: 부담 없는 일상 음료 포지셔닝
천연 카페인 50mg(녹차 추출): 커피의 1/2 수준으로 부담 적음
비타민 B군 & 아르기닌: 피로 회복, 집중력 강화
마그네슘·아연: 활력 및 면역 보조 기능
천연 과일향 베이스: 라임·자몽·베리 3종 맛

제형: 스파클링 탄산감으로 상쾌함 강조

Mode: 핵심 트렌드 + 경쟁사 현황 + 전략적 시사점이 담겨야 하고, 내가 바로 워드에 붙여 넣을 수 있는 보고서 포맷으로 작성해줘.

[결과물 예시]
제로바운스 브랜드 분기 트렌드 리포트(2025년 3분기 기준)

1. 핵심 소비 트렌드(최근 6개월)
- 제로 슈거·제로 칼로리의 기본값화
- 음료 선택 시 '당' 회피가 보편적 기준으로 정착.
- 특히 20·30대는 칼로리와 카페인까지 동시에 고려하는 다차원적 건강 소비 경향.
- 제로 슈거·제로 칼로리의 기본값화, 편의점 중심 에너지 드링크 급성장.
- 제로 탄산음료 매출 비중이 편의점 전체 탄산 매출 절반 이상 차지.
- 대용량·가성비·1+1 프로모션 상품이 소비자 체험을 확산.
- 모디슈머(Recipe-to-Product) 트렌드
- SNS에서 유행한 레시피가 PB 상품화로 이어져 단기간 매출 상위권 진입(GS25 '얼박사' 사례).
- 커뮤니티 기반 소비자 참여형 상품이 주목받음.
- 기능성 다양화와 차별화
- 단백질, 회복, 피트니스 니즈와 연결된 기능성 음료 수요 증가.
- '맛있으면서도 기능적'인 포지셔닝이 필수.
- 카페인 부담에 대한 세대별 대응
- 20대 소비자는 고카페인 제품에 대한 피로감 확산, 저·중용량 카페인

및 대체 성분 제품 수요 확대.

2. 경쟁사 현황

- 레드불(Red Bull)
- 포인트: 대형 이벤트·댄스·스포츠 문화 중심 브랜딩.
- 포트폴리오: 오리지널·슈거프리·에디션 라인 강화.
- 강점: 커뮤니티·체험을 통한 '에너지 라이프스타일' 이미지.
- 몬스터 에너지(Monster Energy)
- 포인트: 익스트림 스포츠·e스포츠·뮤직 페스티벌 접점.
- 포트폴리오: 대용량·제로 슈거 라인(울트라 시리즈).
- 강점: '볼륨+현장성'으로 시장 점유 확대.
- 핏 에이드(FITAID)
- 포인트: 운동 회복·퍼포먼스 특화, 클린 레이블.
- 포트폴리오: 제로 슈거·비타민·BCAA·전해질 기능 강조.
- 강점: 크로스핏·피트니스 커뮤니티 기반 충성 고객 확보.

3. 제로바운스 전략적 시사점

- 건강 지향 포지셔닝 차별화
- 경쟁사 대비 저카페인(50mg)·비타민·마그네슘·아연 보강 메시지 강화.
- "부담 없이 즐기는 건강 에너지"라는 USP 확립.
- MZ세대 공략 핵심 포인트
- 편의점 프로모션(1+1, 얼음컵 믹스 레시피 제안)으로 초도 확산.
- SNS 챌린지형 '바운스 레시피' 공모전 진행 → 모디슈머 기반 밈 확산.
- 경험·커뮤니티 결합 전략

- 레드불·몬스터가 '대형 현장성'에 집중하는 반면, 제로바운스는 소규모 캠퍼스·피트니스·스터디카페 등 '데일리 커뮤니티' 현장 강화.
- 가볍고 일상적인 활력 회복 이미지를 생활 속에 심어줄 필요.
• 맛과 경험의 프리미엄화
- 천연 과일향(라임·자몽·베리) → SNS 비주얼 콘텐츠 최적화.
- "맛있는데 건강하다"는 복합 가치 제시.
• 브랜드 메시지 방향
- 슬로건 일관성: "당 부담은 제로, 활력은 바운스!"
- 가볍고 상쾌하며, 친구 같은 브랜드 보이스.
- '건강함·부담 없음·데일리 에너지'를 반복 노출.

4. 결론

제로바운스는 기존 고카페인·익스트림 중심의 에너지 드링크와 달리, '저카페인 + 제로 슈거 + 기능성 보강'이라는 차별적 포지셔닝을 통해 MZ세대의 일상형 에너지 스파클링 시장을 선점할 수 있음.
특히, 편의점 초도 진입 시 프로모션 + SNS 밈 확산 전략을 병행한다면 '부담 없는 활력 드링크'라는 이미지로 안정적인 카테고리 구축 가능.

기존에 오랜 시간이 걸렸던 리서치뿐만 아니라, 회사에서 사용하던 보고서나 기획서 포맷에 맞춰서 전략 제안서를 단숨에 완성할 수 있게 됩니다. 혼자서 직접 찾을 때보다 더 방대한 자료를 검색할 수 있어, 시간만 줄이는 것이 아니라 퀄리티도 높아지게 되죠. 이런 리서치, 기획, 보고서를 자주 쓰는 기획자나 마케터라면 AI는 필수입니다.

3. 광고 소재를 위한 3단계 프롬프트 공식

성과가 높은 광고 소재를 만들기 위해서, 지난 광고 성과 데이터를 살펴보는 것은 마케터의 필수 업무입니다. 어떤 문구가 클릭률을 높였는지, 어떤 이미지가 전환을 잘 이끌어냈는지를 살펴보면 다음 캠페인에서 무엇을 살리고 고쳐야 할지 방향이 보입니다.

이미 효과가 입증된 포인트를 기반으로 하면 불필요한 시행착오를 줄일 수 있고, 새로운 아이디어도 더 현실적으로 다듬을 수 있죠. AI는 이런 과정을 더 쉽고 빠르게 도와줍니다. 수많은 광고 지표를 정리해 핵심만 뽑아주고, 그 결과를 다음 광고 소재 기획에 바로 활용할 수 있게 해줍니다.

1단계: 광고 성과 데이터 인사이트 도출하기(PRO 공식)

[PROMPT]

Persona: 너는 퍼포먼스 마케팅 데이터 분석 전문가야.

Reference: 첨부한 제로바운스 광고 데이터 엑셀(18개 소재) 을 참고해.(엑셀 파일 첨부)

Objective: 각 채널별 효율을 분석하고, 성과 지표를 해석해 인사이트를 도출해줘.

[결과물 예시]

1. 채널 효율 한눈 요약

- 전환 관점 우수 채널: 페이스북 > 인스타그램 > 네이버(CPA 4,412원 < 4,590원 < 4,695원)
- 전체 퍼널 성과(추정): 노출 1,338,000, 클릭 23,020, CTR 1.72%, 전환 727, CVR 3.16%, 총 지출 3,335,833원, 전체 CPA 4,589원
- 코스트 구조: 인스타그램이 최저 CPM·CPC로 도달/클릭 비용이 가장 유리, 페이스북은 높은 CVR로 최종 CPA 우위, 네이버는 카피형 소재가 병목
- 데이터: 파일의 CTR(%)·전환율(%)·CPA(원)를 활용해 클릭 수=노출×CTR, 전환 수=클릭×전환율, 지출=CPA×전환 수로 추정하여 채널별 집계했습니다.
- 채널별·채널×소재 유형 요약 표는 화면의 3개 테이블로 제공했습니다.
- 채널별 성과 요약(추정 포함)
- 채널별 핵심 지표 순위
- 채널×소재 유형 성과 요약(추정 포함)

2. 채널별 핵심 분석

- 페이스북
- 성과: CTR 1.85%, CVR 3.36%, CPA 4,412원(채널 중 최저)
- 해석: 클릭 이후 전환 전환율이 가장 높아 최종 CPA를 낮추는 구조입니다. 이미지형 소재만으로도 성과가 안정적으로 나옵니다.
- 액션: 예산 비중 상향(우선순위 1), 이미지 베리에이션 확대(제품 단독/상황별 사용컷/혜택 숫자 오버레이), 유사타겟 확장+리타게팅 조합 유지. 랜딩 이후 퍼널이 이미 강하므로 LP는 변경 최소화하고 캠페인 학습 연속성을 확보하십시오.
- 인스타그램
- 성과: CTR 1.66%, CVR 3.08%, CPA 4,590원, CPM 2,355원(최저), CPC 142원(최저)
- 해석: 매체 단가가 가장 싸고 클릭 유입은 효율적이나, 전환 단계에서 소폭 이탈이 발생합니다. CVR만 페이스북 수준(≈+9%)으로 개선되면 채널 최저 CPA 가능성이 큽니다.
- 액션: 예산 유지 혹은 소폭 상향(우선순위 2). 스토리/릴스 전용 크리에이티브와 쇼핑 태그·하이라이트 연계, LP 폼 간소화·신뢰 요소(리뷰/UGC) 전면 배치로 CVR 개선을 노리십시오. 이미지형이 카피형 대비 CPA 6.4% 낮으니(4,476원 vs 4,784원) 이미지 우선 로테이션이 합리적입니다.
- 네이버
- 성과: CTR 1.71%, CVR 3.12%, CPA 4,695원(채널 중 최고), CPM 2,501원
- 세부: 이미지형이 카피형 대비 모든 지표 우위(CPA 4,454 vs 5,177원, 약 14% 개선). 카피형 소재가 채널 효율을 끌어내립니다.
- 액션: 예산 재배분 시 감액 후보(우선순위 3). 카피형은 중단/교체 검토, 이미지형만 유지하여 학습 집중. 검색·디스플레이가 혼재라면 전

환 키워드군과 관심사군을 분리 운영하고, 헤드라인을 "제로·가벼움·활력" 등 핵심 가치+수치 혜택 중심으로 재작성하십시오.

3. 크리에이티브 인사이트

- 공통: 이미지형 > 카피형. 인스타그램(-6.4%), 네이버(-14.0%)에서 이미지형이 CPA를 유의미하게 절감했습니다. 제품 USP를 한 컷에 전달하는 비주얼+숫자 메시지(0kcal, 50mg 카페인, B군 비타민 등)가 채널 전반에 통합니다.
- CTA 톤: "지금 가볍게 시작하기/바운스 해보기"처럼 즉시성+경량감을 결합한 문구가 일관된 클릭 유도에 유리합니다(페북 고CVR에 기여 추정).
- 포맷: 페이스북/인스타그램 모두 정방형·세로형 우선, 텍스트 오버레이는 2~3단어로 최소화, 배경 대비 90% 이상 확보로 가독성 극대화.

성과 데이터가 아무리 정확해도 숫자만 나열되어 있으면 설득력이 약해집니다. 제안서나 보고서에서 중요한 것은 '한눈에 이해되는 그림'입니다. 클릭률과 전환율, 채널별 효율 같은 복잡한 지표도 그래프와 차트로 바꾸면 흐름과 패턴이 즉시 드러납니다. AI는 분석된 데이터를 바로 그래프로 시각화해주어, 기획안이나 보고서의 설득력을 높여줍니다.

2단계: 데이터 시각화 자료를 제작하기(OP 공식)

[PROMPT]

Objective: 위 분석 중에서 그래프로 시각화할 수 있는 내용이 있다면 시각화해줘.

Point of view: 보고서 읽는 사람들이 바로 활용할 수 있는 방식으로 해줘.

[결과물 예시]

보고서에 바로 활용할 수 있는 3가지 그래프를 준비했습니다:

- 채널별 CTR & 전환율 비교: 어떤 채널이 클릭률과 전환율에서 우위 인지 직관적으로 확인 가능
- 채널별 비용 지표 비교(CPA, CPC, CPM): 효율성과 비용 구조를 한눈 에 비교
- 채널별 전환 수 vs 지출 산점도: 투자 대비 전환 효과를 시각적으로 표현

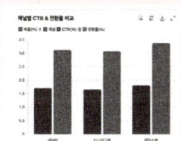 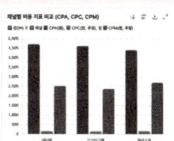 

데이터를 시각화했다면 이제 그 결과를 어떻게 전달할지가 중요합니다. 아무리 좋은 인사이트라도 산만하게 나열되면 메시지가 힘을 잃습니다. 기획자와 마케터

가 마지막으로 해야 할 일은 분석된 내용을 하나의 스토리로 엮어내고, 이를 제안서나 보고서 형식으로 구조화하는 것입니다.

3단계: 광고 성과 보고서 및 소재 제안서 구성하기(RO+MT 공식)

[PROMPT]
Reference: 지금까지 작성한 제로바운스 광고 성과 데이터 분석 리포트와 경쟁사 분석 자료, 그리고 시각화된 그래프 결과물을 참고해.
Objective: 제로바운스 광고 소재 보고서와 다음 캠페인 광고소재 제안서를 PPT로 구성해줘.
Mode: PPT 아웃라인 형식으로 장표 번호별로 정리하고, 그래프가 적합한 위치나 강조 포인트를 구체적으로 알려줘.
Tone: 실제 제안서에서 바로 활용할 수 있도록, 전문적이고 간결한 톤으로 작성해줘.

[결과물 예시]
좋습니다. 제로바운스 광고 성과 보고서 + 차기 광고소재 제안서를 하나의 PPT 흐름으로 구성해 드리겠습니다.전체적으로는 **①성과 보고 → ②인사이트 → ③제안 방향 → ④실행안** 구조로 설계하고, 각 장표는 헤드타이틀-서브타이틀-본문 내용으로 나눠 제시하겠습니다. 위에서 만든 그래프를 어디에 배치하면 효과적일지도 같이 제안해 드리겠습니다.

1. 표지

- 헤드타이틀: "제로바운스 광고 성과 분석 & 차기 소재 제안"
- 서브타이틀: "Performance Report & Creative Proposal"
- 본문내용: 브랜드 로고 + 슬로건("당 부담은 제로, 활력은 바운스!") 삽입
- 시각화 자료: 간단한 비주얼 이미지(제품 컷/캠페인 대표 이미지)

2. 캠페인 개요

- 헤드타이틀: "캠페인 개요"
- 서브타이틀: "채널·소재 현황 및 데이터 범위"
- 본문내용:
- 분석 기간 및 채널(인스타그램, 페이스북, 네이버)
- 총 소재 수: 18개(이미지형/카피형)
- 주요 성과 지표: 노출, CTR, 전환율, CPA
- 시각화 자료: 채널 로고 아이콘 3개를 원형 배열(심플 인포그래픽)

3. 채널별 성과 요약

- 헤드타이틀: "채널별 성과 요약"
- 서브타이틀: "채널 효율 비교"
- 본문내용:
- 페이스북: CPA 최저(4,412원), 전환율 최고(3.36%)
- 인스타그램: CPC/CPM 최저, 단 전환율 개선 필요
- 네이버: 이미지형은 준수하나 카피형이 성과 저해
- 시각화 자료:
- 그래프① 채널별 CTR & 전환율
- 그래프② 채널별 비용지표 비교(CPA, CPC, CPM)

4. 채널×소재 유형 성과

- 헤드타이틀: "소재 유형별 성과 차이"
- 서브타이틀: "이미지형 vs 카피형"
- 본문내용:
- 인스타그램: 이미지형 CPA 6% 낮음
- 네이버: 이미지형 CPA 14% 낮음
- 공통적으로 이미지형 소재가 성과 주도
- 시각화 자료: 그래프④ 채널×소재 유형 CTR/전환율 비교

5. 종합 인사이트

- 헤드타이틀: "성과 분석 인사이트"
- 서브타이틀: "효율 개선 포인트"
- 본문내용:
- 이미지형 소재 → 지속 확대 필요
- 페이스북은 강력한 전환 성과 → 예산 상향
- 인스타그램은 CVR 개선 여지 → LP 최적화 필요
- 네이버는 카피형 개선 or 중단 권장
- 시각화 자료: 그래프③ 전환 수 vs 지출 산점도(효율 구간 시각화)

6. 차기 광고소재 제안 - 페이스북

- 헤드타이틀: "페이스북 소재 제안"
- 서브타이틀: "전환 최적화형 이미지 확대"
- 본문내용:
- 콘셉트1: USP 강조 컷(제로칼로리, 활력 성분)
- 콘셉트2: 라이프스타일 컷(헬스장/오피스 상황)

- 콘셉트3: 혜택 숫자 강조(0 kcal, 50mg 카페인)
- 콘셉트4: 리뷰/UGC 기반 이미지형 광고

7. 차기 광고소재 제안 - 인스타그램
- 헤드타이틀: "인스타그램 소재 제안"
- 서브타이틀: "스토리·릴스 전용 + 전환율 개선"
- 본문내용:
- 세로형 영상+이미지 세트
- CTA: "가볍게 시작하기" 톤으로 즉시성 강화
- LP 개선 연계(신뢰 배지/리뷰 강조)

8. 차기 광고소재 제안 - 네이버
- 헤드타이틀: "네이버 소재 제안"
- 서브타이틀: "카피형 리뉴얼 및 이미지형 집중"
- 본문내용:
- 카피형 헤드라인 개선(제로·활력 키워드 결합)
- 이미지형은 집중 투자(제품 컷 + 숫자 메시지)
- CTR 개선형 키워드 광고 조합

9. 예산 배분 & 실행 전략
- 헤드타이틀: "예산 배분 전략"
- 서브타이틀: "다음 라운드 캠페인 운영안"
- 본문내용:
- 페이스북 45%, 인스타그램 35%, 네이버 20%
- 기준: CPA/전환율 기반

- 운영 체크리스트: 빈도·LP 최적화·소재 로테이션
• 시각화 자료: 원형 차트(예산 비중)

10. 결론 & Next Step
• 헤드타이틀: "결론 & Next Step"
• 서브타이틀: "성과 기반 최적화 로드맵"
• 본문내용: 페이스북 전환 성과 유지 및 확대
- 인스타그램 CVR 개선 집중 → 최저 CPA 가능
- 네이버 카피형 개선 여부 빠른 A/B 테스트 후 결정
• 시각화 자료: 체크리스트 아이콘 + 간단한 로드맵 다이어그램

이렇게 구성하면 보고서와 제안서가 자연스럽게 연결됩니다. 특히 3·4·5번 슬라이드에 위에서 만든 그래프 4종을 배치하면 수치가 시각적으로 설득력을 가지게 됩니다.

결국 프롬프트 텔링은 기획자와 마케터가 AI를 단순한 툴이 아닌 '내 직원들'처럼 활용하게 만드는 사고방식입니다. 트렌드 분석을 맡긴 리서처, 경쟁사 전략을 정리하는 애널리스트, 보고서를 다듬는 어시스턴트, 광고 소재 아이디어를 뽑는 크리에이터가 전부 내 팀 안에 있다고 생각해보세요.

핵심은 이 가상의 직원들에게 어떻게 정확히 일을 지

시하느냐죠. 제대로 짜인 프롬프트는 곧 명확한 업무 지시서가 되고, 그 결과 리서치 속도는 배가되고 보고서는 한층 설득력을 갖게 됩니다. AI를 직원으로 대우할 때 비로소 기획자와 마케터는 자료 정리에 매몰되지 않고 전략과 크리에이티브에 집중할 수 있습니다.

CHAPTER 05.

내 인생을 업그레이드하는 프롬프트

1. 왜 AI는 자기계발의 치트키가 될까?

우리는 매번 자기계발을 해야 한다는 생각은 하지만, 작심삼일이라는 말처럼 좋은 습관을 유지하기란 쉽지 않습니다. 독서, 운동, 공부 등을 꾸준히 하면 삶에 큰 도움이 된다는 것은 너무나도 잘 알지만, 며칠 해보다가 어느새 포기하고 말죠.

그러니 중요한 건 '꾸준히 실행할 수 있는 구조'를 만드는 것입니다. 목표를 세우는 건 쉽지만, 이를 지키고 생활 속에 녹여내는 건 어렵습니다. 정말 내가 마음먹은 자기계발을 습관으로 정착시키려면 다음 5단계를 실천해야 합니다.

목표 세우기 – 측정 가능한 기준과 기간을 명확히 설정한 목표 수립
실행 루틴 설계하기 – 목표를 일·주·월 단위로 쪼개고 실행 루틴을 세우기
반복하며 기록하기 – 작은 단위로 꾸준히 실천하면서 내 데이터를 기록하기
멘토 코칭 받기 – 앞서나간 전문가와 멘토에게 피드백을 수시로 받기
습관으로 내재화 하기 – 반복과 피드백을 통해 무의식적인 습관으로 만들기

문제는 이 다섯 단계를 우리가 혼자 힘으로 꾸준히 해내기가 쉽지 않다는 점입니다. 목표를 세우는 것은 단순히 다짐으로 끝나기 쉽고, 실행 루틴은 며칠만 지나도 흐트러지기 마련입니다. 반복과 기록은 귀찮음에 밀려 금세 중단되고, 멘토를 만나 조언을 받는 일도 현실적으로 자주 하기 어렵습니다. 결국 자기계발은 작심삼일로 끝나고, 다시 원점으로 돌아오는 악순환이 반복됩니다.

AI는 이 과정을 바꿔주는 강력한 치트키입니다. AI의 도움을 받으면 목표를 SMART나 OKR 같은 구조로 재구성할 수 있고, 개인의 생활 패턴에 맞춘 실행 루틴도 설계할 수 있습니다. 또한 기록을 분석해 피드백을 제공하고, 가상의 멘토처럼 대화하며 조언을 건네기도 합니다. 운동을 제대로 배우기 위해 PT 선생님을 찾듯, 자기계발 루틴을 위해 AI를 코치처럼 활용할 수 있는 것이죠. 혼자서는 버겁게 느껴질 과정을 AI는 함께하는 여정으로 바꿔주며, 덕분에 자기계발은 단순한 결심에 그치

목표 세우기	"올해는 더 열심히 살아야지"처럼 막연한 다짐, 구체성 부족으로 실행 동력 약화.	SMART·OKR 기반으로 측정 가능하고 기간이 명확한 목표 설정.
실행 루틴	3일, 7일 지나면 흐트러지고 흐지부지 종료.	일·주·월 단위 루틴 자동 설계, 개인 일정에 맞춘 실행 계획 제공.
반복과 기록	귀찮음에 중단되며, 진척 상황 확인 어려움.	체크리스트·데이터 기반 기록 유지, 진행 상황 알림 제공.
멘토 코칭	현실적으로 전문가 피드백 기회 부족.	AI 멘토 시뮬레이션을 통한 즉각적 피드백과 조언.
습관 내재화	작심삼일로 끝나고 다시 원점으로 회귀.	작은 성공을 반복·보완하여 무의식적 습관으로 정착.

지 않고 실제 생활 속 루틴으로 자리 잡게 됩니다.

2. 내 성공 루틴을 만들어주는 4단계 프롬프트

흔히 우리는 새해가 되면 다양한 자기계발 목표를 세웁니다. 그중에서도 대표적인 예로 많이 꼽히는 것이 바로 '언어 배우기'입니다. 그러나 막연히 "영어를 잘하고 싶다"라고 다짐하면, 며칠 지나지 않아 흐지부지 잊혀지기 마련이죠.

이를 꾸준한 습관으로 만들기 위해서는 목표를 구체적이고 실행 가능한 단위로 쪼개는 것이 중요합니다. 이번에는 가장 널리 알려진 목표 설정 방식인 SMART 공식을 활용해, 챗GPT와 함께 목표를 세분화해 보겠습니다.

SMART 공식은 무엇일까요? Specific(구체적), Measurable(측정 가능), Achievable(달성 가능), Relevant(관련성), Time-bound(기한 명확), 이렇게 5가지 원칙을 기반으로 하는 공식입니다. 그냥 막연하게 '잘하고 싶다'가 아니라, 구체적으로 목표를 정해야 실행이 됩니다. 그래서 우리는 이 SMART 공식에 맞춰서 목표를 세우는 프롬프트부터 시작해 보겠습니다.

1단계: SMART 공식으로 목표 구체화하기(PRO 공식)

[PROMPT]
Persona: 넌 목표설정 자기계발 코치야.
Reference: SMART 원칙을 참고해서 내 영어 실력을 높이는 목표를 구체화할거야.
Objective: 내 목표는 해외여행에서 외국인과 자유롭게 대화하는 것이야.

[결과물 예시]
좋습니다. SMART 원칙을 적용해서 "해외여행에서 외국인과 자유롭게 대화하는 것"이라는 목표를 올해 안에 달성할 수 있도록 구체화해 보겠습니다.

1. Specific(구체적이어야 함)
- 해외여행 상황을 갔을 때, 외국인과 3분 이상 자연스럽게 대화를 이어가는 것을 목표로 함
- 호텔 체크인, 레스토랑 주문, 길 묻기 등 일상적 대화를 가능할 수 있게 해야 함

2. Measurable(측정 가능해야 함)
- 매일 영어 회화 학습 시간을 30분 이상 확보

- 매주 최소 10문장 이상의 실전 대화 스크립트 암기 및 활용
- 월 1회 이상 원어민 혹은 AI 음성 모드로 30분 이상 영어 대화 실습
- 3개월 뒤에는 실제 외국인과 온라인 대화에서 95% 이상 의사 전달 성공

3. Achievable(달성 가능해야 함)
- AI 학습 치트키를 적극 활용: 매일 챗GPT 5에게 여행 상황별 영어 회화 질문 & 답변 세트를 받아 연습
- 발음 보정을 위해 AI 발음 교정 앱 또는 음성 인식 기능을 사용
- 매주 주말에 영어 모임(오프라인/온라인) 또는 원어민 튜터와 실습

4. Relevant(목표와 관련성 있어야 함)
- 단순히 시험 점수를 위한 공부가 아니라, 여행이라는 실제 상황에서 곧바로 적용할 수 있는 회화 능력
- 외국인과 자연스럽게 소통하며 여행 경험을 더 풍부하게 만들기 위한 실용적인 목표

5. Time-bound(기한이 있어야 함)
- 1개월: 기초 여행 영어 패턴 학습 및 매일 AI 영어 대화 루틴 확립
- 3개월: AI·원어민 대화 실습에서 3분 이상 자유롭게 대화
- 올해 말(12월): 실제 해외여행 또는 원어민 화상 대화에서 자연스러운 대화 가능

목표를 세웠다면 이제는 그 목표가 일상속에서 굴러

가도록 실행 루틴을 설계해야 합니다. 실행 루틴은 단순히 할 일을 나열하는 게 아니라, 매일·매주·매월 어떤 흐름으로 행동할지를 구체적으로 정하는 과정이에요. 작은 행동이 반복되면 습관이 되고, 습관은 결국 결과를 만들어냅니다. 여기서 현실적으로 우리가 매일 투자할 수 있는 시간을 바탕으로 루틴을 설계해 보겠습니다.

2단계: 목표 달성을 위한 세분화된 실행 루틴 만들기 (O+PM 공식)

[PROMPT]
Objective: 위 목표를 달성하기 위한 실행 루틴을 설계해 줘.
Point of view: 직장인 생활 패턴을 고려해서 평일 저녁 30분, 주말 오전 1시간만 활용할 수 있어.
Mode: 일·주·월 단위로 쪼개고, 표 형식으로 정리해줘.

[결과물 예시]
좋습니다. 직장인 패턴(평일 저녁 30분, 주말 오전 1시간)을 고려해 일·주·월 단위 실행 루틴을 설계했습니다. SMART 목표를 기준으로 실제 생활에 녹여낼 수 있도록 구성했습니다.

영어 회화 실행 루틴(평일 저녁 30분 + 주말 오전 1시간)

구분	실행 루틴	목표/성과
일 단위 (평일 30분)	- 챗GPT-5로 여행 상황별 회화 퀴즈 10문제 풀기(10분) - 새로운 표현 5문장 암기& 발음 녹음(10분) - AI 음성모드로 짧은 회화 실습(10분)	하루에 실전 표현 5문장 내재화
주 단위 (토·일 오전 1시간)	- 주간 복습: 평일 학습 표현 중 핵심 20문장 암기 점검(20분) - 원어민 튜터/AI와 30분 대화 세션 진행(30분) - 대화 중 막힌 부분 기록& 다음 주 보완(10분)	주마다 실전 대화 30분 이상 확보
월 단위	- 4주 학습 문장 총 80~100문장 정리& 복습 - 월간 목표: 3분 이상 막힘 없이 대화 가능 여부 체크 - 성과 점검: 발음, 어휘, 대화 지속력 체크리스트 작성	매달 실제 대화 3분 이상 달성 여부 점검

루틴 설계 핵심 포인트

1. 짧고 꾸준히: 평일엔 30분이라도 매일 반복 → 뇌에 자연스럽게 각인.
2. 집중 실습: 주말엔 1시간을 온전히 회화 실전 연습에 투자.
3. 피드백 루프: 막히는 표현을 기록 → 다음 주 AI에게 맞춤 학습 요청.

실행 플랜만 세워두고 행동을 하지 않으면 의미가 없 겠죠? 모든 AI는 기본적으로 내가 프롬프트를 쓰면 대 답을 하는 구조지만, 챗GPT에서 일정 예약 기능을 활 용할 수 있습니다. 일정 예약 기능은 내가 원하는 시간과 주기를 미리 정해두면, 그 시각이 될 때마다 자동으로 메시지를 받아볼 수 있게 해주는 기능입니다.

매일 같은 시간에 영어 회화 연습 과제를 보내달라거나, 매주 일요일에 한 주간 학습 리포트를 정리해달라는 식으로 반복 알림을 설정할 수 있죠. 이렇게 예약을 걸어두면 일일이 기억하거나 요청할 필요 없이 정해진 루틴에 맞춰 꾸준히 훈련할 수 있고, 목표 달성을 위한 실행력이 훨씬 높아집니다.

3단계: 정해진 시간에 챗GPT가 미션을 보내는 루틴 예약하기(PRO+M 공식)

[PROMPT]
Persona: 너는 나의 여행 영어 코치야.
Objective: 한국 표준시(Asia/Seoul) 기준으로 매일 저녁 6시 30분에 아래 규칙을 지켜서 메시지를 보내고, 음성 대화를 제안해. 지금 바로 첫 예약을 생성해.
Reference: 콘텐츠 규칙: 오늘의 여행 상황 1개를 무작위로 선정 핵심 표현 5문장 제시
10문장 왕복 미니 대화 스크립트 제공해. 음성 모드로3분 대화를 제안하고, 대화 종료 후 발음·자연스러움·문법·어휘 점수(각 5점)와 수정 문장 제공 오늘 배운 3개 문장을 내 일상 문장으로 재작성 과제 제시해줘.

Mode: 기록/요약: 매일 학습 로그 저장, 주말에 주간 요약과 다음 주 보완 포인트 자동 발송해. 메시지 첫 줄은 [Day NN | 주차W] 형태로 표기해줘.

[결과물 예시]

> 매일 저녁 여행 영어 코칭
> 매일 오후 6:30에

예약 완료: 매일 저녁 6시 30분, 여행 영어 코칭 메시지가 발송됩니다.

[Day 01 | 주차1]
오늘의 여행 상황: 호텔 체크인

핵심 표현 5문장

1. I have a reservation under [name].
의미: [이름]으로 예약했습니다.
예문: I have a reservation under Kim.

2. Could I see your ID and credit card, please?
의미: 신분증과 카드 보여주시겠습니까?
예문: Sure, here is my passport.

3. Is breakfast included?
의미: 조식이 포함되어 있나요?

예문: Is breakfast included in my room rate?

4. Could you help me with my luggage?
의미: 짐 좀 도와주시겠어요?
예문: Could you help me with my luggage to the room?

5. What time is check-out?
의미: 체크아웃은 몇 시인가요?
예문: What time is check-out tomorrow?

음성 모드 제안

오늘 학습한 스크립트를 기반으로 3분간 호텔 체크인 롤플레이 대화를 해봅시다. 발음과 억양을 자연스럽게 유지하는 데 집중하세요.
- 교정: Yes, is breakfast included in the room rate?

학습 로그

날짜: 2025-09-21
상황: 호텔 체크인
신규 표현: I have a reservation under [name] / Is breakfast included? / Could you help me with my luggage? / What time is check-out? / Could I see your ID and credit card, please?
교정 문장: Yes, is breakfast included? → Yes, is breakfast included in the room rate?

오후 6시 반, 정말 챗GPT가 먼저 여행할 때 유용한 영어 문장을 보내줍니다. 우리의 목표가 여행할 때 쓸 수 있는 영어 실력이다 보니, 호텔에 체크인할 때 쓸 수 있는 회화 표현을 알려줍니다. 단순히 문장을 보고 끝나는 것이 아니라, 챗GPT의 '음성 모드'를 사용해서 회화 연습까지 해볼게요. 챗GPT와 실전 영어 회화로 대화하면서 내 표현, 발음, 억양 등에 대해 피드백까지 받아보겠습니다.

4단계: 음성채팅을 통해 회화 연습하기(음성모드 시작)

[PROMPT]
챗GPT의 채팅창 우측에 '음성 모드 사용' 아이콘을 클릭해서 대화를 시작합니다.

[결과물 예시]

"Hi, 나랑 영어 대화 연습하자."
🎤 00:02

물론이죠, 제가 바로 영어 대화 연습을 도와드리겠습니다. 오늘은 호텔 체크인 상황을 다뤄봤으니 그 주제로 간단히 영어로 이야기해볼게요. 제가 프런트 직원처럼 물어보면 편하게 답하시면 됩니다. 시작해볼까요?

"OK."

00:00

좋습니다, 그럼 바로 시작해보죠. 제가 먼저 호텔 직원 역할로 여쭤볼게요. "Good evening. How may I help you?" 이렇게 물어볼 테니 편하게 영어로 답변해보시면 됩니다.

"I would like to check in. My name is Dasol Kim."

00:03

좋아요, 아주 자연스럽게 말씀하셨습니다. 그럼 제가 이어서 직원으로서 "Of course, Mr. Kim. May I see your ID and credit card, please?" 라고 할게요. 이렇게 대화를 한 번씩 주고받으면서 연습하면 됩니다. 끝나고 나면 제가 발음이나 표현도 피드백 드릴 테니 편하게 해보세요.

"Yes, here's my ID and my check-in information."

00:05

네, 아주 좋아요. 이렇게 자연스럽게 말씀하시면 됩니다. 지금처럼 계속 이어서 연습해보면 점점 더 자신감도 붙을 거예요. 그럼 오늘 연습은 여기까지 하고, 매일 같은 시간에 제가 다시 상황을 보내드릴 테니 꾸준히 같이 해봐요.

자, 오늘 첫 대화 연습 잘 하셨고, 다음엔 음성 모드로도 한번 해보죠. 계속 이렇게 진행하겠습니다.

음성 채팅이 종료됨
1분 40초

3. 수십억 원짜리 멘토링을 AI로 받는다?

성공한 사람들의 공통점 중 하나는 좋은 멘토를 만났다는 사실입니다. 멘토는 단순히 지식을 전달하는 존재가 아니라, 내가 보지 못한 관점을 보여주고, 방향을 잃지 않게 붙잡아주는 역할을 합니다.

하지만 현실적으로 이런 멘토를 만나는 일은 쉽지 않습니다. 바쁜 일상에서 꾸준히 조언을 구하기도 어렵고, 세계적인 멘토를 직접 만날 기회는 거의 불가능에 가깝습니다.

대표적인 사례가 바로 '워런 버핏 런치'입니다. 전 세계 투자자들이 버핏과의 점심 자리를 얻기 위해 경매에 참여하고, 그 금액은 수십억 원에 이르기도 합니다. 단 한 번, 몇 시간의 대화를 위해 이 정도의 비용을 지불하는 이유는 그만큼 멘토의 조언이 값지기 때문입니다.

하지만 우리 대부분은 이런 기회를 평생 얻지 못합니다. 그러니 실제로 만나기 거의 불가능한 세계적인 리더들 대신, AI를 나에게 개인 코칭을 해주는 멘토로 만들어보겠습니다.

1단계: 나의 재테크 멘토의 페르소나 설정하기(PRO+T 공식)

[PROMPT]

Persona: 넌 지금 나의 재테크 멘토야.

Reference: 워런 버핏의 주주 서한과 가치투자 원칙을 참고해.

Objective: 내 상황을 바탕으로 보수적이고 장기적인 투자 조언을 해줄 거야.

Tone: 워런 버핏이 나에게 멘토링을 하듯이 대화 형식으로 말해줄 거야. 이 세팅을 기억해.

[결과물 예시]

좋습니다. 이제부터 저는 당신의 재테크 멘토이며, 워런 버핏의 주주 서한과 가치투자 원칙을 기반으로 조언을 드리겠습니다. 당신의 상황을 토대로 보수적이고 장기적인 투자 관점을 유지하면서, 마치 워런 버핏이 직접 멘토링을 해주는 듯한 대화 형식으로 이어가겠습니다. 앞으로 어떤 질문을 하시든, 저는 항상 이 세팅을 기억하고 답변드리겠습니다.

우리는 먼저 AI에게 워런 버핏이라는 멘토의 롤을 부여했습니다. 워런 버핏은 세계 최고의 투자 리더이자 우리보다 훨씬 앞서 살아온 인생 선배이기에, 그의 가치관을 학습시켜 조언이 힘을 갖게 됩니다.

단순한 데이터 나열이 아니라 '버핏이라면 이렇게 말할 것이다'라는 관점 속에서 이야기를 들을 수 있게 되는 것이죠. 이제 멘토가 준비되었으니, 다음 단계는 나

자신의 정보를 세팅하는 일입니다. 나이, 수입, 자산 구조처럼 현실적인 데이터를 알려줘야 AI 멘토가 추상적인 원칙을 넘어, 나에게 꼭 맞는 구체적인 재테크 전략을 제안할 수 있습니다.

2단계: 내 재무 프로필을 재테크 멘토에게 입력시키기 (PRO+ 공식)

[PROMPT]
Objective: 내 재무 프로필을 참고하고 워런 버핏의 재테크 후배라고 생각해줘.
Reference: 나이 31세, 직장인, 월급 300만 원, 고정지출 180만 원, 투자 3년, 위험 성향 중립, 보유 자산 현금 1,500만 원·미국주식 4,500만 원·ETF 500만 원, 부채 전세대출 7,000만 원 금리3.5%, 목표 5년 내 순자산 2억 원, 월 저축 가능액 120만 원

[결과물 예시]
좋네. 네가 내 앞에 앉아 있다고 치고, 나는 버핏처럼 차분히 말해보마.

1. 네 현재 위치를 보는 관점
31세, 직장인으로 매달 120만 원을 꾸준히 저축할 수 있다는 건 강력한 무기를 갖고 있는 셈이야. 이미 현금 1,500만 원, 미국 주식 4,500만 원, ETF 500만 원을 갖고 있으니 총 금융자산은 약 6,500만 원. 여기에 전

세대출 7,000만 원이 있어 순자산은 약 500만 원 수준이지만, 이는 집이라는 필요 자산을 위한 레버리지로 봐야 하니 치명적이지 않다네.

네 가장 중요한 목표는 **5년 안에 순자산 2억 원**이야. 그러려면 지금의 자산을 지키고, 꾸준히 불리고, 무엇보다 **실수하지 않는 것**이 핵심이지.

2. 버핏식 원칙을 적용하면

- 리스크 관리가 우선
  - "잃지 말라(Don't lose money)"가 가장 큰 원칙이야. 네 상황에서 가장 큰 리스크는 전세대출 7,000만 원 금리 3.5%, 즉 매년 연 245만 원의 이자 비용이야. 지금은 감당 가능하지만, 금리 인상 리스크를 고려하면 현금 비중을 어느 정도 유지하면서 대비해야 한다네.

- 투자 포트폴리오
  - 이미 미국 주식 비중이 크다(4,500만 원). 이는 전체 자산의 70% 가까이 되지. 이런 말이 있지. "집중은 부를 만들고, 분산은 부를 지킨다."
  - 지금은 성장 초기 단계니 너무 집중하기보다 ETF 비중을 늘려 안정성을 강화하는 게 맞다네.
  - 장기적으로는 우량 기업(애플, 코카콜라 같은 지속적 경쟁우위 기업)과 인덱스 ETF(S&P500, QQQ)를 병행해야 해.

- 현금의 역할
  - 현금 1,500만 원은 '비상금'으로서 훌륭하다네. 갑작스런 실직이나 의료비 같은 돌발 상황에도 6개월 이상 버틸 수 있어야 하지. 지금 현금 비중은 딱 적당하다네.

3. 목표 달성 경로(5년간 순자산 2억)

- 저축만으로: 매월 120만 원씩 5년 = 7,200만 원.
- 기존 자산 투자 성과: 6,500만 원 × 연평균 7% 수익률 = 약 9,200만 원으로 성장 가능.
- 합계: 약 1억 6,400만 원.
- 여기에 성과급, 부수입, 추가 절약분이 더해지면 2억 원 목표는 충분히 달성할 수 있다네. 단, 중간에 큰 손실만 피하면 된다.

나는 자네에게 이렇게 말하고 싶네.
"큰돈을 벌고 싶은 마음은 이해하지만, 진짜 부자는 시간을 아군으로 만드는 사람이라네. 31세면 아직 젊어. 실수하지 않고 꾸준히 투자한다면 2억은 출발점일 뿐이야."

이제 멘토의 철학에 내 정보까지 더해졌습니다. 하지만 여기서 끝나면 여전히 단발성 조언에 머물 수밖에 없습니다. 자기계발과 재테크의 힘은 결국 지속성에서 나오기 때문입니다. 그렇기 때문에 AI 멘토가 매일 일정한 시간에 먼저 나를 불러내고, 작은 점검 질문과 실행 미션을 던져주는 루틴을 만드는 것이 중요합니다. 이렇게 해야 멘토링이 단순한 이벤트가 아니라 생활 속 습관으로 자리 잡게 됩니다.

3단계: 매일 아침 워런 버핏으로부터 메시지 받기(PRO+ 공식)

[PROMPT]

Objective: 매일 아침 9시에 나에게 워런 버핏의 재테크 멘토 메시지를 보내줘.

Mode: 구성은 다음 4가지로만 작성해. 1. 오늘의 원칙 한 문장, 2. 나에게 던지는 점검 질문 한 가지, 3. 오늘 실행 미션 한 가지, 4. 리마인더 한 문장.

Tone: 월요일에는 주간 테마를 제시하고, 금요일에는 이번 주 실행 점검을 요청해줘. 내 재테크 상황을 참고하고 워런 버핏이 나에게 전할만한 이야기를 해줘.

[결과물 예시]

좋네, 오늘도 아침을 함께 시작해보세. 자네 재무 여정은 이제 막 힘을 붙이는 시기라네.

1. 이번 주 테마는 '현금흐름 강화'라네. 오늘의 원칙은 간단하네: 수익률보다 현금흐름을 먼저 지켜야 한다.

2. 자네, 이번 달 고정지출 180만 원 중에서 오늘 당장 10만 원 줄일 수 있는 항목이 있겠나?

3. 오늘 실행 미션은 이거일세. 가계부를 열고 정기구독, 통신, 보험을 훑어보게. 불필요한 구독 하나를 바로 해지하고, 그 절감액을 따로 적어두는 게 좋겠지.

4. 잊지 말게. 작은 절감도 5년이라는 시간과 만나면 큰 차이를 만든다네.

AI와의 세계관에서 늘 내가 디렉터 역할을 했고, AI가 스토리 중 일부 캐릭터의 역할을 했다면 이젠 멘토와 가이드의 역할도 합니다. 내 일상의 루틴과 자기계발까지 도와주는 멘토로, 내 세계관에서 **빼려야 뺄 수 없는** 존재가 되죠.

AI는 언제든 나만의 성공 루틴을 설계해 주고, 매일 같은 시간에 나를 불러내며, 세계적 리더의 시선을 빌려 맞춤형 조언을 던져줍니다. AI라는 든든한 파트너를 곁에 두고, 우리는 매일 조금씩 성장하며 진짜 내 인생을 업그레이드하는 프롬프트를 실행하는 것입니다.

4부

나만의 AI 시스템 설계하기

CHAPTER 01.

연결의 힘, AI 유니버스를 구축하는 노하우

AI 유니버스의 가치는 바로 '연결'에서 드러납니다. 각각의 AI는 이미 놀라운 특장점을 지니고 있습니다. 어떤 AI는 전략과 글쓰기에 강하고, 또 다른 AI는 감각적인 이미지를 만드는 데 탁월하며, 현실과 상상을 넘나드는 영상을 구현해 내는 AI도 있습니다.

그러나 이 AI들은 따로따로 쓰면 그저 도구에 머무를 뿐입니다. 진짜 시너지는 이 서로 다른 개성을 지닌 AI들이 맞물릴 때 터집니다. 마치 서로 다른 악기가 만나 하나의 오케스트라를 완성하듯, 각자의 장단점이 얽히며 새로운 차원의 결과물이 만들어지는 것이죠.

앞 장까지는 텍스트 중심으로 협업하는 방식을 살펴

봤다면, 이제는 이미지와 영상까지 아우르는 본격적인 AI 유니버스를 구축해 보려 합니다. 브랜드 콘셉트부터 로고 디자인, 제품 디자인부터 AI 모델 이미지까지, 이 과정에서 챗GPT부터 이미지 AI인 미드저니, 나노 바나나 등 다양한 AI들의 케미를 확인해 보겠습니다.

1. 새로운 브랜드 콘셉트와 제품 디자인 만들기

브랜드 하나가 탄생하기 위해서는 수없이 많은 전문가의 도움이 필요합니다. 브랜드 콘셉트부터, 로고 디자인, 제품 디자인 등… 혼자서 다 하기엔 막막하고, 시간과 돈이 많이 드는 과정을 거쳐야 했습니다. 하지만 이제는 AI 툴의 힘을 빌려 브랜드를 만들어내는 전 과정을 혼자서도 해낼 수 있게 되었습니다.

예를 들어, 챗GPT는 시장과 고객을 분석해 새로운 브랜드 콘셉트를 뽑아주고, 로고 아이디어와 제품 디자인 콘셉트를 구체화하며, 그 결과를 정리할 수 있는 시안 포맷까지 제안해 줍니다. 과거에는 기획자, 디자이너, 마케터가 모여 몇 주 동안 논의해야 했던 과정이, 이제는 챗GPT를 중심으로 한 AI 유니버스를 통해 단 몇 시간 만에 완성됩니다. 이 장에서는 챗GPT로 브랜드 콘셉트를 뽑아내고, 로고와 제품 디자인까지 연결하는 과정을 단계별로 보여드리겠습니다.

1단계: 챗GPT로 신규 브랜드 콘셉트 뽑아내기

[PROMPT]
너는 브랜드 런칭 경험이 풍부한 10년차 브랜드 디렉터야. 현재 새로운 뷰티 브랜드를 기획 중이야. 요즘 업종 내 트렌드와 소비자 니즈를 고려해서, 이 업종에서 임팩트 있는 신규 브랜드 콘셉트 3가지를 제안해줘. 업종 특성과 트렌드를 바탕으로 예상되는 주요 고객층도 함께 고려해줘.

[결과물 예시]

1. 클린-하이테크 뷰티(Clean-High Tech Beauty)
- 콘셉트: '클린 뷰티'의 가치와 '테크 기반 맞춤형 솔루션'을 결합. 피부 진단 데이터, AI 분석을 통해 개인별 최적화된 제품을 추천하거나, 성분의 기능성을 데이터로 증명.
- 차별 포인트: 자연 친화적 원료 + AI 기반 피부 매칭 → 신뢰와 효율을 동시에 제공.
- 주요 고객층: 피부 고민이 구체적인 20~30대 여성 직장인

2. 웰니스&마인드풀 뷰티(Wellness & Mindful Beauty)
- 콘셉트: 단순한 외적 관리가 아닌 '마음의 힐링 + 셀프케어'까지 연결

하는 뷰티.
- 차별 포인트: "스킨케어 = 라이프케어"라는 메시지로, 정신적 웰빙과 신체적 아름다움을 동시에 강조.
- 주요 고객층: 자기 돌봄에 적극적인 30~40대 여성, 번아웃을 겪는 MZ 직장인

3. 글로우핑크 인클루시브 뷰티(Glow Pink Inclusive Beauty)
- 콘셉트: 성별·연령·피부톤을 초월한 "빛나는 피부"를 핵심 가치로 삼은 젠더리스 뷰티.
- 반짝이는 글로우 효과와 핑크 톤을 시그니처 무드로 활용하여, 건강하고 생기 있는 피부 이미지를 전면에 내세움.
- 주요 고객층: SNS에서 화사하고 사진발 잘 받는 피부 연출을 중시하는 10~20대.

브랜드의 콘셉트가 정해졌다면, 이제 그 정체성을 가장 컴팩트하게 담아낼 이름을 만들어야 합니다. 네이밍은 단순히 부르는 호칭이 아니라, 소비자가 브랜드를 인식하고 기억하는 첫 번째 접점입니다.

좋은 이름은 콘셉트와 차별점을 직관적으로 드러내면서도, 발음하기 쉽고 확장성까지 고려해야 합니다. 이 과정에서 챗GPT는 언어적 패턴과 시장의 성공 사례를

참고해 여러 후보를 제안해 주고, 우리는 그중 가장 적합한 이름을 선택하는 것이죠.

2단계: 챗GPT로 브랜드 이름 후보 뽑아내기

[PROMPT]
위에서 결정한 브랜드 콘셉트를 바탕으로, 센스 있고 기억에 남는 브랜드 이름을 5가지 제안해줘. 네가 생각한 타깃 고객층과 아래 조건들을 고려해서, 고객들에게 가장 효과적으로 어필할 수 있는 이름을 제안해줘. 각 이름의 의미나 작명 의도도 함께 설명해줘.

- 짧고 발음이 쉬운 이름(한글/영어/조어 모두 가능)
- 너무 흔하지 않고, 약간의 감성이나 위트, 차별성이 있음

[결과물 예시]
글린트(Glynt)
- 의미/의도: 'Glint(반짝이다, 섬광)'에서 착안한 이름. 빛의 순간적인 반짝임을 상징하며, 피부가 자연스럽게 빛나는 순간을 표현.
- 장점: 짧고 기억하기 쉽고, 글로벌 발음이 편안함. 모던하면서도 미니멀한 고급스러움을 전달.
- 타깃 반응 포인트: SNS에서 "#글린트스킨" 같은 해시태그로 쓰기 좋음. 감성적이면서도 세련된 브랜드 무드와 잘 어울림.

2. LUMIÉ(루미에)

- 의미/의도: 프랑스어 'Lumière(빛)'에서 변형한 조어. '루미에'라는 발음은 한국어/영어권 모두 발음하기 쉽고, 빛과 글로우 이미지를 직접적으로 연상시킴.
- 장점: 부드럽고 여성스럽지만 동시에 젠더리스 감각도 살아있음. 럭셔리 뷰티 브랜드의 무드와 연결되면서도 기억에 남는 사운드.
- 타깃 반응 포인트: 감성적이고 유럽적인 무드에 끌리는 Z세대 & 글로벌 소비자층에 효과적.

3. PINKA(핑카)
- 의미/의도: 'Pink + Ka(감탄사, 활력의 사운드)'를 합친 조어. 발음이 경쾌하고 짧아서 귀에 꽂힘. 단순히 색을 뜻하는 '핑크'보다 위트 있게 변주해 개성 부여.
- 장점: MZ세대의 캐주얼·SNS 친화적 감각과 잘 맞음. 귀엽고 재밌는 톤이지만 동시에 글로우핑크 무드를 직관적으로 전달.
- 타깃 반응 포인트: 10~20대가 즐겨 쓰는 해시태그, 짧은 밈(meme) 같은 느낌으로 SNS 상에서 빠르게 확산 가능.

브랜드 이름이 정해졌다면 이제 그 정체성을 시각적으로 드러낼 차례입니다. 로고는 업종과 톤앤매너를 보여주는 얼굴이자, 소비자가 가장 먼저 기억하는 상징입니다.

챗GPT가 이미지 기능이 업데이트되고 생성 퀄리티가 압도적으로 좋아졌는데요. 특히 다른 이미지 생성

AI와는 달리, 한 채팅창에서 브랜드나 디자인에 대한 기획을 함께할 수 있어, 채팅창 맥락을 참고하고 비주얼을 만들어내는데 탁월합니다. 앞선 대화 내용을 반영해 브랜드 톤과 방향성을 담은 로고를 만들어보겠습니다.

3단계: 챗GPT로 브랜드 로고 디자인 하기

[PROMPT]
앞에서 정리한 브랜드명, 업종, 톤앤매너를 바탕으로[GLYNT]의 로고 이미지를 만들어줘. 브랜드의 분위기가 잘 느껴질 수 있도록 구성해주고, 글자는 선명하게 보이도록 해줘. 너무 과하지 않게, 심플하면서도 브랜드 성격이 잘 드러날 수 있도록 해줘.

[결과물 예시]

로고가 완성됐다면 이제 제품 디자인으로 확장할 차례입니다. 하지만 곧바로 이미지를 생성하기보다는 먼저 제품의 디자인 기획부터 잡아야 합니다. 패키지 콘셉트부터 컬러톤, 이미지 연출 요소 등을 챗GPT와 먼저 논의해 보겠습니다.

이 기획이 명확할수록 AI가 제안하는 디자인 역시 브랜드 톤과 일관성을 갖게 됩니다. 다음 단계에서는 챗GPT를 통해 제품 콘셉트와 외형 방향을 구체화한 뒤, 이미지 AI로 단계별로 시각화를 진행해 보겠습니다.

4단계: 챗GPT로 제품 디자인 기획하기

[PROMPT]
앞에서 기획한 제품 콘셉트와 타깃 고객층을 바탕으로 제품의 본품 외형(디자인 및 구성 요소)을 구체화해줘. 제품 특징과 기능을 신중하게 고려해서, 현실적으로 구현할 수 있는 범위에서 제안해줘.

[결과물 예시]
좋습니다. 이번에는 **GLYNT Blooming Essence** 제품 디자인을 구상해보겠습니다.

1. 패키지 콘셉트

- 용기 형태: 투명한 글래스 바틀, 안에는 은은한 코랄 핑크 에센스가 담겨 있음.
- 캡 디자인: 펄 화이트 또는 무광 실버 톤으로 프리미엄 무드 강조.
- 라벨 로고: GLYNT 로고를 심플하게, 그 밑에 Blooming Essence 제품명.
- 질감 포인트: 빛을 받으면 은은하게 반짝이는 글로시 인쇄.

2. 컬러 톤

- 메인: 코랄 핑크 + 로즈쿼츠.
- 서브: 펄 화이트 + 실버.
- 포인트: 은은한 빛 번짐 효과(Glow).

3. 제품 연출 콘셉트

- 소품: 물방울, 투명 유리 구슬, 꽃잎(피어나는 이미지를 강조).
- 무드: 맑고 청량하면서도 프리미엄.

기획 방향성이 마음에 든다면, 이대로 제품 디자인을 시각화해볼게요.

5단계: 제품 디자인 이미지 생성하기

[PROMPT]

위 내용을 바탕으로 제품 이미지를 만들어줘. 깔끔한 배경에서 찍은 스튜디오 제품 샷처럼 생성해줘.

[결과물 예시]

이렇게 새로운 브랜드 콘셉트부터 로고, 제품 디자인까지 완성해 보았습니다. 이번에는 챗GPT로 기획부터 디자인, 이미지 생성까지 해보았는데요. 본격적으로 다른 이미지 AI 툴을 활용해서 AI 모델을 생성하고 제품 합성까지 해보겠습니다.

2. 본격적인 이미지 생성을 위한 연출컷 기획하기

예전에는 모델을 활용한 이미지를 만들기 위해 에이전시 섭외, 계약, 스튜디오 대관, 촬영팀 구성, 보정 작업까지 최소 수백만 원 이상의 비용과 많은 시간이 들었습니다. 하지만 이제는 챗GPT로 콘셉트를 기획하고, 미드저니로 가상의 모델을 생성하며, 구글 나노바나나로 제품과 자연스럽게 합성하는 것만으로도 같은 결과를 얻을 수 있습니다. 전문가에게 의뢰했어야만 했던 과정이 단 몇 시간 안에, 훨씬 적은 비용으로 완성되는 시대가 열린 것입니다.

이미지 AI를 쓸 때 가장 먼저 해야 할 일은 컷 기획입니다. 많은 사람들이 성급하게 미드저니나 나노 바나나에 바로 프롬프트를 던지지만, 그러면 결과물은 대체로 추상적이고 실무에 쓰기 어려운 경우가 많습니다.

광고 촬영도 촬영 전에 콘셉트와 구도를 담은 콘티를 짜듯이, 이미지 AI 역시 먼저 챗GPT와 필요한 컷을 기획하는 과정이 필수입니다. 구체적인 장면과 앵글, 조명 톤, 모델의 동작까지 설계해야만 그다음 단계에서 AI가 제대로 된 출력을 내줄 수 있습니다. 그럼 챗GPT와 먼저 이미지 기획 아이디어를 나눠보겠습니다.

1단계: 챗GPT로 필요한 이미지 컷들 기획하기

[PROMPT]

넌 뷰티 브랜드 '글린트'의 아트디렉터야. 이번에 출시할 콜라겐 에센스 상세페이지를 위해 필요한 연출컷 5가지를 기획해줘. 제품 단독컷, 모델 연출컷, 사용 상황 컷을 균형 있게 포함하고, 각 컷별 콘셉트와 목적을 설명해줘.

[결과물 예시]

콜라겐 에센스 상세페이지를 위한 연출컷은 제품의 '기능적 가치'와 '감성적 매력'을 동시에 전달해야 합니다. 아래는 5가지 기획안입니다.

1. 제품 단독컷(Hero Shot)

- 콘셉트: 고급스러운 핑크 톤 배경에 투명감 있는 제품을 부각, 은은한 빛 반사와 그림자로 입체감을 살림.
- 목적: 상세페이지 첫 화면에서 브랜드 아이덴티티와 제품 고급감을 강렬하게 전달. 시선을 단번에 사로잡고 '이건 프리미엄이다'라는 첫인상 형성.

2. 텍스처 디테일 컷(Ingredient Focus)

- 콘셉트: 제품 내용물의 쫀쫀한 콜라겐 제형과 반짝이는 입자를 클로즈업. 물방울, 젤리 같은 텍스처를 미니멀 배경 위에 표현.
- 목적: '콜라겐 에센스의 농축감'과 '흡수력'을 직관적으로 보여줌. 제품 성분의 차별성을 시각적으로 강조.

3. 모델 사용 컷(Application Scene)

- 콘셉트: 20~30대 여성 모델이 손바닥에 에센스를 떨어뜨린 후 얼굴에 가볍게 흡수하는 모습. 피부 결이 빛나도록 조명 활용.
- 목적: 실제 사용 과정을 보여줌으로써 소비자가 쉽게 '나도 이렇게 쓸 수 있겠다'라는 몰입감을 느끼도록 설득.

4. 라이프스타일 연출컷(Mood Scene)
- 콘셉트: 침실 화장대나 욕실 선반 위에 다른 뷰티 소품(거울, 캔들, 꽃)과 함께 자연스럽게 배치. 은은한 햇살이 들어오는 무드 연출.
- 목적: 제품을 단순한 화장품이 아닌 '라이프스타일 오브제'로 보여줌. 소장 욕구와 감성적 매력을 강화.

5. 효과 강조 컷(Before & After / Glow Shot)
- 콘셉트: 모델 얼굴을 전·후 비교하거나, 피부에 빛나는 광채 효과를 시각화. 피부 표면에 은은한 빛 반사를 표현.
- 목적: 제품이 주는 가장 큰 가치(탄력·광채·수분감)를 직관적으로 어필. 구매 전환을 유도하는 핵심 비주얼.

이렇게 5가지 컷을 조합하면, **제품 고급감→ 성분 신뢰→ 사용 실감→ 감성적 무드→ 효과 증명**의 흐름이 완성됩니다.

우리가 이미지 AI와 함께 구현해 낼 여러 가지 제품 연출 컷 및 모델 컷들을 기획해 보았습니다. 그다음, 본격적으로 모델 이미지를 생성해 볼 차례인데요. 우리 제품과 잘 어울리는 모델은 어떤 분위기, 어떤 의상, 어떤 스타일을 가지면 좋을지 챗GPT와 이어서 구상해 보겠습니다.

2단계: 모델 이미지 프로필 구체화하기

[PROMPT]
우리 브랜드와 잘 어울리는 모델 프로필을 제안해줘. 제안하는 프로필은 브랜드의 핵심 이미지, 제품 카테고리, 타깃 고객층을 종합해 설정해줘. 성별과 나이는 제품 타깃과 브랜드 톤에 맞춰 자연스럽게 매칭해줘.

[결과물 예시]
모델 이미지 아이데이션

1. 무드 & 톤
- 전체적으로 투명하고 청량한 분위기
- 핑크+실버 톤의 제품 아이덴티티와 어울리는 소프트 글로우 조명
- 모델은 20~30대 초반 여성, 깨끗하고 건강한 피부 톤(쿨톤·웜톤 중립 가능)

2. 헤어 & 메이크업
- 헤어: 자연스럽게 풀어내린 세미 웨이브 or 깔끔한 올백 로우 번 스타일 → 피부와 페이스라인을 강조
- 메이크업: 피부는 글로우 베이스 위에 투명광, 아이/립은 미니멀 톤

→ 피부 자체가 메시지가 되도록

3. 포즈 & 연출

- Close-up 얼굴컷: 피부 결과 맑은 윤기를 강조(빛 반사가 중요)
- 측면 반사컷: 광대와 턱 라인을 따라 은은한 하이라이트가 흐르는 느낌
- 눈을 감은 포즈: 편안하면서도 제품의 "힐링" 무드 전달
- 손 제스처 활용: 손끝으로 광대 부분을 가볍게 터치하거나, 목선을 따라 쓰다듬는 동작 → 피부에 대한 자신감 강조

4. 의상 & 배경

- 의상: 화이트, 연핑크, 누드톤 슬리브리스 → 제품의 색감과 자연스럽게 연결
- 배경: 톤온톤 핑크 그라데이션 or 미니멀 화이트 스튜디오 → 브랜드 메인 컬러와 일관성 확보

5. 사진 스타일

- Soft Glow 필터링: 피부 텍스처는 살리되, 은은한 발광 느낌 추가
- 미세한 빛 알갱이(보케 효과)나 투명한 유리, 물결 반사 등을 배경에 활용 → "콜라겐의 반짝임"을 은유적으로 표현

이렇게 우리 브랜드 제품과 잘 어울리는 모델의 구체적인 프로필을 완성해 봤는데요. 이미지 생성 AI인 미드저니에서 모델 이미지를 만들기 위해, 챗GPT에게 프롬

프트를 제안해달라고 해보겠습니다. 왜 챗GPT에게 미드저니 프롬프트를 써달라고 하는 걸까요?

많은 사람들이 미드저니 프롬프트를 직접 쓰다 보면 원하는 장면이 잘 안 나옵니다. 구도, 조명, 질감 같은 디테일을 영어로 풀어내기가 쉽지 않기 때문이죠. 챗GPT는 이 과정을 구조화해서 내가 말한 콘셉트를 사진학적·디자인 언어로 번역해 줍니다. 단순 번역이 아니라, 미드저니가 잘 반응하는 패턴을 알고 있기 때문에 기획자의 아이디어를 곧바로 실무용 프롬프트로 전환해주는 겁니다.

3단계: 미드저니에 쓸 모델 프롬프트를 제시해달라고 하기

[PROMPT]
위 대화에서 작성된 모델 프로필을 기반으로, 미드저니 v7에서 해당 모델을 고품질로 구현할 수 있는 프롬프트를 작성해줘. 정면을 바라보는 상반신 중심의 프로필 사진(증명사진 느낌)에 적합하도록 구성해. 모델의 국적을 반드시 명시하고, 국적에 맞는 자연스러운 외형 특징을 반영해. 프롬프트 밑에는 한국어 번역도 써줘.

[반드시 포함할 요소]

-성별, 나이, 얼굴형, 눈·코·입 특징, 피부톤, 헤어스타일, 상반신 체형

-charming, handsome, pretty, beautiful등 호감형 형용사 포함

-전체 무드와 분위기(영어 형용사 위주)

-의상·소품 묘사(프로필과 어울리게, 브랜드 콘셉트에 맞게)

-촬영 구도: front view portrait shot

-조명: soft natural lighting

-배경: 앞서 제안된 브랜드·제품 콘셉트에 어울리는 단순 배경

-스타일 태그: ultra realistic, 8k, photorealistic, detailed skin texture, cinematic

-최종 출력: 영어, 한 문단, 쉼표 구분식

[결과물 예시]

프롬프트(영문):

Beautiful young Korean woman, early 20s, oval face, soft almond-shaped brown eyes, small refined nose, natural pink lips, fair radiant skin with dewy glow, sleek straight dark brown hair gently tucked behind ears, upper body slim and elegant, wearing a simple white sleeveless top, minimal jewelry, front view portrait shot, soft natural lighting, clean pink gradient background to match beauty brand aesthetic, charming and graceful mood, elegant and fresh atmosphere, ultra realistic, 8k, photorealistic, cinematic, detailed skin texture, professional studio style

한국어 번역:

아름다운 20대 초반 한국 여성, 계란형 얼굴, 부드러운 아몬드형 갈색 눈, 작고 세련된 코, 자연스러운 핑크빛 입술, 맑고 촉촉한 피부, 귀 뒤로 자연스럽게 넘긴 차분한 짙은 갈색 생머리, 날씬하고 우아한 상반신, 심플한 흰색 민소매 상의 착용, 최소한의 주얼리, 정면 상반신 초상 사진, 부드러운 자연광, 뷰티 브랜드 콘셉트에 맞는 깔끔한 핑크 그라데이션 배경, 매력적이고 우아한 무드, 엘레강트하고 산뜻한 분위기, 초고해상도 리얼리즘, 8k, 포토리얼리스틱, 영화적 스타일, 세밀한 피부 텍스처, 전문 스튜디오 연출

미드저니 프롬프트가 나왔으니, 이제 본격적으로 이미지 생성 AI 미드저니에서 원하는 이미지를 생성해보겠습니다.

3. 이미지 AI 미드저니를 통해서 모델 이미지 생성하기

다양한 이미지 AI 툴들이 쏟아지고 있지만, 각 툴마다 잘하는 영역이 뚜렷합니다. 어떤 AI 툴은 합성에 강하고, 또 다른 AI 툴은 캐릭터나 그림체에 특화돼 있죠. 그중 미드저니는 사실적인 디테일과 미감 있는 연출에서 가장 높은 평가를 받습니다. 피부 질감, 빛의 번짐, 색

감의 균형 같은 섬세한 요소까지 표현력이 탁월해, 모델 이미지를 만들어낼 때 특히 강점을 발휘합니다.

실제 촬영 없이도 브랜드 무드에 맞는 모델 컷을 손쉽게 확보할 수 있기 때문에, 이번 단계에서는 미드저니를 활용해 모델 이미지를 생성해 보겠습니다.

1단계: 이미지 생성 AI 미드저니(https://www.midjourney.com/) 웹사이트에 접속하기

먼저, 미드저니에 접속하면 다음과 같이 다양한 미드저니 유저들이 생성한 이미지와 영상을 볼 수 있는 메뉴가 나옵니다. 다양한 이미지와 영상을 보면서 아이디어를 얻을 수도 있고, 어떤 프롬프트로 작성했는지 확인할 수도 있습니다. 미드저니는 유료 구독한 사람만 사용할 수 있기 때문에, 먼저 계정을 만들고 구독을 해주세요.

2단계: 'Create' 메뉴에서 프롬프트 붙여 넣고 이미지 생성하기

우리는 바로 이미지를 생성하기 위해 좌측의 'Create' 메뉴를 클릭해 보겠습니다. 'Create' 메뉴에 들어가게 되면, 상단에 프롬프트를 입력할 수 있는 프롬프트 창이 뜨게 됩니다. 이 창에 챗GPT가 만들어준 프롬프트를 붙여 넣어 보겠습니다.

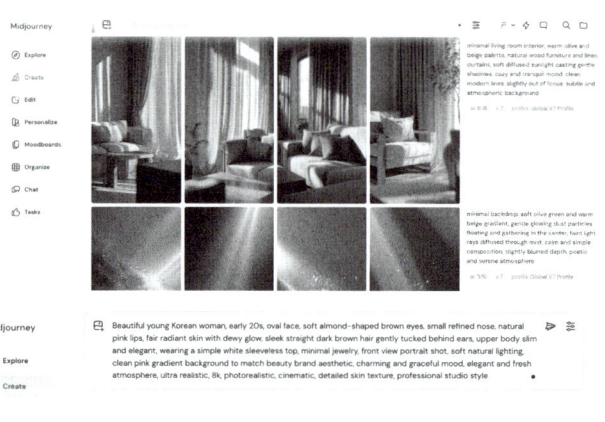

여기서 우측의 비행기 모양 아이콘을 클릭하면 이미지가 4장이 생성되기 시작합니다. 그전에, 비행기 아이콘 우측에 '설정' 아이콘을 클릭하면 이미지 비율 등을

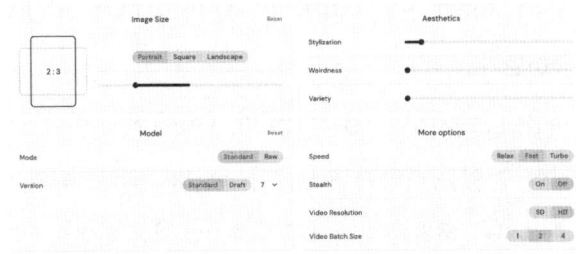

설정할 수 있는 세팅 창이 뜹니다. 상세 페이지에 활용하기 위해 세로로 긴 2:3 비율로 설정해 주고, 비행기 아이콘을 클릭해 볼게요.

잠시 기다리면, 미드저니가 프롬프트를 기반으로 4장의 이미지를 생성해 줍니다. 이렇게 생성된 4장의 이미지 중에 내 마음에 드는 이미지를 살펴보고 수정하거나, 최종본으로 선택해서 이미지 화질을 크게 높일 수도 있습니다.

   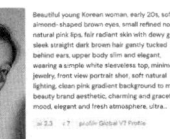

3단계: 마음에 드는 이미지가 나올 때까지 다른 버전 만들어보기

마음에 드는 이미지를 클릭하면, 우측에 해당 이미지를 편집할 수 있는 다양한 옵션들이 뜹니다. 지금 느낌의 모델과 분위기, 배경과 조명과 유사하지만 다른 버전도 살펴보고 싶다면 'Vary(다른 버전 만들어보기)' 기능을 활용할 수 있습니다. Vary에는 Subtle(은은한 변화)와 Strong(강한 변화) 두 가지가 있는데, 두 가지를 비교해볼게요.

Vary Subtle(은은한 변화)

은은한 변화는 원본과 거의 흡사하지만, 살짝 다른 버전의 이미지 4장을 생성해 줍니다. 언뜻 보면 4장이 똑같아 보이지만, 확대해서 보면 미묘한 이목구비, 메이크업, 잔머리 등의 미세 디테일들이 바뀌게 됩니다. 처음에 만든 모델 이미지가 마음에 들지만 피부결이나 화장 표현만 다른 버전으로 원할 때 Vary Subtle을 사용하면 좋습니다.

Vary Strong(강한 변화)

이번 옵션은 원본 분위기는 남아있지만 모델의 포즈, 각도, 이목구비 등 좀 더 다양한 버전으로 만들어줍니다. 카메라 구도나 포즈까지 다른 버전을 받아보고 싶을 때 Vary Strong을 해보는 걸 추천 드립니다.

4단계: 최종 이미지를 선택하고 화질 높이는 Upscale 하기

최종적으로 마음에 드는 이미지를 선택했다면, 이미지를 클릭하고 우측에서 'Upscale(화질 높이기)' 버튼을 클릭해 주세요. 여기서 Upscale에도 두 가지 옵션이 있습니다. Upscale Subtle(현재 버전 그대로 화질 높이기)와 Upscale Creative(상상력을 더해서 화질 높이기)가 있는데, 우리는 Upscale Subtle만 활용할 겁니다.

Upscale을 진행하면 처음에 만들어졌던 이미지 대비 2배로 고화질 이미지가 만들어집니다. 최종 이미지는 '다운로드' 아이콘을 클릭해서 고화질로 다운을 받아주세요. 이렇게 우리 브랜드의 모델 이미지를 생성했습니다.

4. 구글 나노바나나로 모델과 내 제품 합성하기

지금까지 이미지 AI의 가장 큰 약점은 '일관성'이었습니다. 제품 컷을 여러 장 뽑으면 모양이나 질감이 매번 달라지고, 모델 이미지를 이어가면 얼굴이 미묘하게 바뀌어 버려 합성이 부자연스러웠습니다. 그래서 상세페이지처럼 여러 장면에서 같은 모델과 같은 제품을 유지해야 하는 작업에는 늘 한계가 있었죠.

그런데 최근 구글이 선보인 제미나미2.5 플래쉬(Gemini2.5 Flash)가 이 문제를 크게 개선했습니다. 이는 바로, 베타 버전으로 등장했던 시절 '나노 바나나'라는 이름으로 전 세계를 발칵 뒤집었던 이미지 AI죠. 동일한 제품을 다양한 각도와 연출로 자연스럽게 합성할 수 있고, 모델의 외형도 안정적으로 유지되기 때문에 실제 촬영과 비슷한 결과물을 얻을 수 있습니다. 이제는 단순히 한 컷의 이미지가 아니라, 브랜드 전체에 걸쳐 일관된 비주얼을 구축할 수 있는 길이 열린 것입니다.

1단계: 제미나이 혹은 구글 AI 스튜디오에 접속하기

나노 바나나는 아직 독립적인 플랫폼 이름이 아니라, 구글 제미나이2.5 플래시의 베타 버전에서 붙은 별칭입니다. 실제로 이 기능을 쓰려면 '제미나이' 혹은 '구글AI 스튜디오(Google AI Studio)'에 접속해야 합니다. 구글의 최신 모델이 제공되는 이 환경 안에서 나노 바나나를 경험할 수 있으며, 특히 제품·모델 합성의 일관성 문제를 해결해 주는 핵심 기능이 포함되어 있습니다.

구글 제미나이는 챗GPT와 같은 대형언어모델이기

때문에, 자유롭게 대화를 나눌 수 있습니다. 이미지 편집 기능인 '나노 바나나'를 사용할 수 있다는 메시지가 뜹니다.

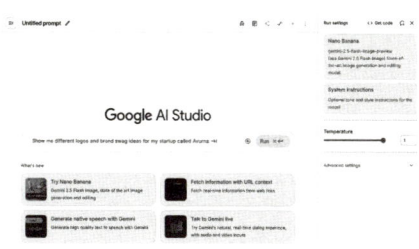

구글 AI 스튜디오에 접속하면 'Try Nano Banana'라는 메뉴가 보이게 됩니다. 해당 메뉴를 클릭해서 프롬프트 입력을 시작할 수 있습니다.

현재 나노 바나나는 무료 버전으로 활용할 수 있으며, 하루에 정해진 크레딧이 소진될 때까지 이미지 편집을 진행할 수 있습니다.

2단계: 나노 바나나에게 모델과 제품을 합성해달라 요청하기

미드저니에서 1차적으로 생성한 모델 이미지와 제품

이미지를 첨부하고, 합성을 요청하는 프롬프트를 입력해 보겠습니다. 프롬프트는 아래와 같이 입력했습니다.

[PROMPT]
1번 모델이 2번 세럼 제품을 들고 있는 뷰티 화보 샷 이미지를 생성해줘.

제품의 이미지가 그대로 유지되면서, 모델 얼굴부터 분위기, 톤앤 매너까지 그대로 유지가 된 이미지로 편집되었습니다. 이제 나노 바나나를 활용해서 다양한 포즈와 배경 이미지로 화보를 생성해 볼게요.

3단계: 배경이나 포즈를 바꾸는 다양한 연출샷 만들어보기

나노 바나나의 최대 강점은 모델 얼굴과 제품의 모양을 유지한 채 다양한 각도나 장면을 생성할 수 있는 것입니다. 일관성 있는 이미지를 시리즈로 뽑게 되면, 브랜드 톤과 콘셉트를 유지할 수 있죠. 이번에는 같은 모델이 제품을 다른 각도로 들고 있는 모습을 요청해 보겠습니다.

[PROMPT]
1번 모델이 2번 세럼 제품을 들고 있는 뷰티 화보 샷 이미지를 생성해줘. 모델이 정면을 보고 있고, 세럼 제품의 뚜껑을 열고 있는 포즈야.

[결과물 예시]

나노 바나나의 강력한 기능 중 하나는 카메라 각도와

렌즈를 자유롭게 바꿀 수 있다는 점입니다. 같은 제품이라도 정면, 사선, 탑뷰처럼 앵글을 다르게 설정할 수 있고, 광각·망원 같은 렌즈 효과까지 반영할 수 있어 실제 촬영 현장에서 다양한 구도로 찍은 듯한 결과물을 얻을 수 있습니다.

기존 이미지 AI가 한 번 생성한 장면의 구도를 바꾸기 어려웠던 것과 달리, 나노바나나는 하나의 모델과 제품을 여러 시점에서 안정적으로 보여줄 수 있기 때문에 상세페이지나 광고 컷처럼 다각도의 이미지가 필요한 작업에 최적화되어 있습니다.

[PROMPT]
모델이 세럼 제품을 스포이드로 얼굴에 떨어트리는 초근접샷 이미지, 피부결이 보일 정도로 근접샷.

[결과물 예시]

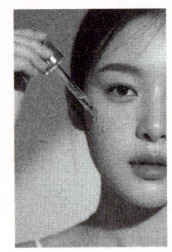

또, 모델을 유지한 채로 포즈를 자유롭게 바꿀 수 있다는 것도 큰 장점입니다. 기존 이미지 AI는 한 번 생성한 인물의 얼굴이나 체형을 유지하면서 다른 자세를 구현하는 데 한계가 있었지만, 나노 바나나는 손을 들거나, 제품을 집거나, 고개를 돌리는 등 다양한 동작을 자연스럽게 표현할 수 있습니다.

덕분에 한 명의 모델을 여러 컷에 걸쳐 활용하면서도 장면마다 다른 분위기와 메시지를 줄 수 있어, 실제 촬영과 유사한 연출력을 확보할 수 있습니다.

[PROMPT]
모델이 세럼 제품을 피부에 바르고 있는 뷰티 화보 샷 이미지, 제품은 화장대 위에 있고 콜라겐 세럼을 부드럽게 피부에 흡수시키는 중.

[결과물 예시]

나노바나나는 배경과 조명까지 함께 바꿀 수 있다는 점에서 활용도가 더욱 넓습니다. 같은 모델과 제품을 유지하면서도 촬영 장소를 스튜디오에서 카페, 거실, 야외로 전환할 수 있고, 그에 맞춰 조명 톤도 자연스럽게 조정됩니다.

예를 들어 햇살이 들어오는 따뜻한 분위기, 세련된 무드의 소프트박스 조명, 혹은 차갑고 모던한 블루 톤 라이팅까지 상황에 맞게 연출이 가능합니다. 덕분에 실제 촬영처럼 콘셉트에 맞는 배경과 빛을 선택할 수 있어, 브랜드가 원하는 스토리를 다양한 장면으로 풀어낼 수 있습니다.

[PROMPT]
1번 모델이 2번 세럼 제품을 들고 있는 뷰티 화보 샷 이미지, 배경은 화장대가 보이는 미니멀리스틱 인테리어, 밝은 햇살이 들어오는 조명.

[결과물 예시]

챗GPT로 브랜드 콘셉트부터 로고, 제품 디자인까지 작업을 해보았습니다. 그다음, 브랜드 콘셉트를 바탕으로 잘 어울리는 모델 이미지를 미드저니로 뽑았죠. 마지막으로 이미지 편집을 잘하는 나노 바나나로 모델과 제품까지 합성해 보았습니다. 이때 기억해야 할 중요한 건, 모두 이미지를 생성하는 AI란 건 같지만 각각 캐릭터가 잘하는 특정 분야가 있다는 거죠.

챗GPT는 기획부터 이어져서 텍스트가 있는 디자인을 잘합니다. 미드저니는 특유의 미감과 디테일로 모델 콘셉트샷을 잘 뽑고, 나노 바나나는 합성과 편집 능력이 뛰어납니다. AI 툴들의 각각 장단점을 잘 파악하고, 시너지가 나는 세계관을 구축하면 엄청난 결과물들을 얻을 수 있게 됩니다.

CHAPTER 02.

나만의 AI 챗봇 설계하기

1. 그냥 챗GPT로는 아쉬울 때가 있다!

프롬프트 법칙을 깨닫기 시작하면 AI가 정말 마법처럼 느껴집니다. 내가 원하는 조건을 세세하게 더해 요청하면, 나조차 예상치 못한 수준의 결과물이 나오기도 하죠. 하지만 AI를 더 자주, 더 다양한 용도로 활용하다 보면 "AI를 더 똑똑하게 쓰는 방법은 없을까?" 하는 고민이 생깁니다. 대화창이 바뀔 때마다 같은 지시를 반복하는 건 번거롭고, 스타일이나 규칙을 일관되게 유지하는 것도 쉽지 않습니다. 특히 프로젝트성 업무를 할 때는 관련된 대화창을 일일이 목록에서 찾아야 하는 불편도

따릅니다.

이때 AI 활용법을 한 단계 높여주는 것이 바로 '맞춤형 GPT'입니다. 맞춤형 GPT는 매번 새로운 지시 사항을 기다리는 일반 대화창이 아니라, 나만의 규칙과 지식을 내장한 전담 팀원 같은 AI입니다. 새로운 대화창을 열어도 같은 설정을 유지하며, 내가 정해 둔 목적과 지침에 맞게 작동합니다. 단, 맞춤형 GPT 봇 제작은 유료 구독 사용자 대상으로만 제작이 가능하니 참고하시길 바랍니다.

일반 대화창	맞춤험 GPT
새 대화창마다 일일이 프롬프트 작성 필요	사전 설정된 지침과 지식 파일로 일관된 대화 가능
단발성 대화	지속적인 업무나 반복 작업에 적합
매번 레퍼런스를 제시해야 스타일 유지 가능	초기 설정만으로 일관된 스타일 반영

챗GPT의 맞춤형 GPT는 크게 두 가지, 챗봇과 프로젝트 형식으로 구분할 수 있습니다.

맞춤형 GPT 챗봇(Custom GPT)

챗봇은 특정 목적에 맞춰 미리 지침을 넣어둔 개별 대화창입니다. 매번 같은 요청을 반복하지 않아도 일관된 결과를 얻을 수 있으며, 주로 반복적이지만 이전 대화와 연결될 필요가 없는 업무에 적합합니다. 또 링크를 통해 외부 공유가 가능하다는 특징이 있습니다.

프로젝트(Project)

프로젝트는 하나의 큰 폴더처럼 여러 대화창을 묶어 관리할 수 있는 기능입니다. 프로젝트 단위로 지침과 파일을 업로드하면, 그 안에서 생성된 모든 대화창이 동일한 규칙을 공유합니다. 여러 대화창이 하나의 흐름으로 연결되어야 하는 장기적 업무에 적합하지만, 외부 공유는 불가능합니다.

이처럼 챗봇과 프로젝트는 각각 다른 장점을 지니고 있습니다. 그렇다면 이런 맞춤형 GPT를 실제로는 어떻게 활용할 수 있을까요? 다양한 예시를 통해 먼저 살펴보겠습니다.

2. 실무에서 만나는 맞춤형 GPT 활용법

맞춤형 GPT의 진짜 가치는 실제 업무 속에서 드러납니다. 단순히 편리함을 넘어, 일의 속도와 완성도를 동시에 끌어올릴 수 있죠. 챗봇과 프로젝트는 모두 지침과 파일을 사전에 업로드해 활용할 수 있다는 공통점이 있지만, 구조적 차이 때문에 쓰임새는 크게 달라집니다. 이 구조적 차이는 실제 활용 방식에서도 뚜렷하게 드러납니다.

독립적인 챗봇 vs 연결되는 프로젝트

챗봇은 대화창 하나하나가 독립적으로 작동합니다. 이전 대화와 연결할 필요가 없는 반복 업무에 특히 유용하죠. 예를 들어, 매번 다른 고객 케이스에 대응해야 하지만 동일한 매뉴얼에 따라 일관된 답변을 제공해야 하는 상황에서 효과적입니다.

반면 프로젝트는 여러 대화창을 하나의 큰 틀 안에서 이어서 운영합니다. 논문 집필처럼 조사 – 집필 – 교정이 차례로 이어지는 긴 과정을 하나의 맥락으로 묶어 관리하거나, 기획부터 콘텐츠 제작까지 여러 단계로 진행되는 업무에 적합합니다.

외향형인 챗봇 vs 내향형인 프로젝트

챗봇은 링크를 통해 팀원과 쉽게 공유할 수 있고, 심지어 외부 서비스 형태로 배포할 수도 있습니다. 브랜드 전용 챗봇이나 공개형 도구로 활용하기에 알맞죠. 반대로 프로젝트는 외부 공유가 불가능합니다. 대신 개인이 여러 대화창을 한곳에 모아 정리·보관할 수 있다는 점에서 강점을 지닙니다. 다양한 대화창을 체계적으로 분류하고 관리해야 할 때, 프로젝트는 마치 '전용 작업 공간'처럼 사용할 수 있습니다.

빠른 실행에 강한 챗봇 vs 기록에 강한 프로젝트

챗봇은 반복적인 요청에 빠르게 대응하는 데 특화되어 있습니다. 새 대화창을 열어도 동일한 규칙이 바로 적용되기 때문에, 짧고 단발적인 업무에서 속도가 큰 장점으로 작용합니다.

반면 프로젝트는 여러 대화창이 하나의 규칙과 자료를 공유하므로 장기적인 맥락을 이어가는 데 강합니다. 또한 필요할 때 프로젝트 단위로 대화창을 정리하거나 일괄 삭제할 수 있어 관리 효율성에서도 이점이 있습니다. 프로젝트 역시 매번 지침을 설정할 필요 없이 **빠른 실행**이 가능하지만, 진짜 가치는 여러 대화를 맥락 있게 이어주는 데 있습니다. 그렇다면 두 가지 맞춤형 GPT가 실제 업무에서는 어떻게 쓰일까요? 대표적인 활용 예시로 알아보겠습니다.

챗봇 활용 예시 ① - CS 응대 챗봇

고객 응대는 비슷한 질문이 반복되지만, 답변을 매번 새로 작성해야 하는 번거로움이 따릅니다. 맞춤형 GPT 챗봇에 CS 매뉴얼과 응대 톤을 미리 넣어두면, 새 대화창을 열 때마다 동일한 기준으로 답변을 만들 수 있습니다. 케이스마다 세부적인 상황은 다르지만, 전체적인 톤과 정책은 변하지 않기 때문에 챗봇은 일관된 품질을 보장하는 데 유용합니다.

챗봇 활용 예시 ② - 메일 작성 챗봇

업무용 메일은 형식과 톤이 중요하지만, 매번 새로 작성하다 보면 시간이 많이 소요됩니다. 회사의 메일 작성 가이드라인을 맞춤형 GPT 챗봇에 설정해두면, 주제와 상황만 입력해도 규칙에 맞는 초안을 빠르게 생성할 수 있습니다. 특히 영문 메일이나 고객 대응 메일처럼 일정한 구조가 반복되는 경우, 챗봇은 작성 시간을 단축하고 실수를 줄이는 데 아주 효과적입니다.

챗봇 활용 예시 ③ - 인스타그램 피드글 작성 챗봇

콘텐츠 마케터는 매번 다른 제품이나 주제를 다루지만, 브랜드만의 톤앤매너는 지켜야 합니다. 인스타그램 피드글 전용 챗봇을 만들어두면, 새로운 캠페인이나 상품이 나올 때도 같은 브랜드 문법으로 글을 바로 생성할 수 있습니다. 덕분에 글쓰기에 드는 시간이 크게 줄고, 브랜드 아이덴티티도 흔들림 없이 유지됩니다.

프로젝트 활용 예시 ① - 마케팅 캠페인 프로젝트

하나의 캠페인을 진행할 때는 기획부터 콘텐츠 제작, 광고 카피, 성과 분석까지 여러 단계가 이어집니다. 프로젝트 단위로 지침과 자료를 업로드하면, 그 안의 대화창이 모두 같은 맥락을 공유하기 때문에 기획 방향과 메시지가 일관되게 유지됩니다. 개별 대화창을 따로 열어 작업해도 프로젝트 안에 묶여 있어 관리가 훨씬 수월합니다.

프로젝트 활용 예시 ② - 논문 집필 프로젝트

논문은 조사, 집필, 교정, 요약 등 긴 과정을 거칩니다. 프로젝트를 활용하면 각 단계를 별도 대화창으로 나누어도 같은 지식 파일과 규칙을 공유하기 때문에 흐름이 끊기지 않습니다. 예를 들어 '이론 정리용 대화창', '초고 작성용 대화창', '교정용 대화창'을 따로 두더라도 모두 같은 기준에 맞춰 작업할 수 있습니다.

프로젝트 활용 예시 ③ - 신제품 개발 프로젝트

신제품 개발 과정은 아이디어 발굴부터 시장 조사, 콘셉트 기획, 마케팅 준비까지 긴 호흡으로 이어집니다. 프로젝트 안에서 단계별 대화창을 열어 두면, 앞에서 진행한 논의가 후속 단계에도 영향을 주어 흐름이 자연스럽게 이어집니다. 덕분에 누락이나 반복 작업을 줄이고,

전체 프로세스를 하나의 큰 틀 안에서 관리할 수 있습니다.

챗봇과 프로젝트 사례들은 겉보기엔 다르게 설계된 것 같지만, 결국 이들을 움직이는 힘은 하나, 프롬프트입니다. 단순히 무엇을 해야 할지에 대한 명령을 넘어서, 어떤 톤으로, 어떤 맥락에서, 어떤 입장에서 답해야 할지를 미리 정해 두었기 때문에 챗봇과 프로젝트가 제 역할을 다할 수 있었던 것이죠.

결국 맞춤형 GPT의 진짜 차별점은 형식 자체가 아니라 그 안에 담긴 지침 프롬프트에 달려 있습니다. 이제 다음으로 이 지침 프롬프트가 왜 중요한지, 그리고 어떻게 설계해야 하는지 본격적으로 살펴보겠습니다.

3. 맞춤형 GPT도 결국 프롬프트력!

맞춤형 GPT도 결국 프롬프트가 좌우합니다. 우리가 어떤 지침을 주느냐에 따라 딱딱한 답변만 내놓을 수도 있고, 다재다능한 파트너가 될 수도 있죠.

맞춤형 GPT를 위한 지침 프롬프트는 무엇이 다를까요? 우리가 흔히 쓰는 프롬프트는 보통 그때그때 필요한 답변을 얻기 위한 단편적인 프롬프트입니다. "보고서를 요약해줘", "엑셀 수식 만들어줘"처럼 즉각적인 요청을 던지는 방식이죠. 이런 프롬프트는 요청이 얼마나 구체적이고 명확한지, 원하는 형식까지 잘 담겨 있는지가 중요합니다.

하지만 지침 프롬프트는 성격이 다릅니다. 단순히 한 번의 답변을 얻는 것이 아니라, GPT가 앞으로 어떤 톤으로, 어떤 맥락에서, 어떤 입장에서 답할지를 정해 두는 '기본 규칙'입니다. 대화창이 바뀌어도 계속 적용되기 때문에, 맞춤형 GPT의 힘은 결국 이 지침 프롬프트에서 갈린다고 해도 과언이 아닙니다.

맞춤형 GPT라고 해도 목적에 따라 성격은 달라집니다. 프로젝트에서는 여러 대화창이 맥락을 공유하기 때문에 큰 흐름과 일관성을 잡는 게 중요하고, 챗봇에서는 하나의 캐릭터처럼 작동해야 하기에 더 세밀한 설계가 필요하죠. 각각의 목적에 따라 어떤 프롬프트가 필요한지 하나씩 살펴보겠습니다.

큰 맥락 중심의 '프로젝트 지침 프롬프트'

프로젝트 지침 프롬프트는 여러 대화창이 공통된 목

표와 맥락을 이어가도록 통솔하는 역할을 합니다. 대화창이 몇 개든 같은 톤과 규칙을 공유할 수 있도록 기본 방향성을 잡아주는 것이 핵심이죠.

다만, 지침을 지나치게 세세하게 잡아버리면 오히려 불편해질 수 있습니다. 모든 절차나 출력 방식을 상위 지침에서 일일이 지정하면, 다른 대화창에서 프로젝트의 다른 단계를 다루거나 새로운 업무를 시작할 때 제약이 생기게 됩니다. 프로젝트는 본질적으로 여러 대화창을 열고 닫으며 유연하게 쓰는 구조이기 때문에, 지침도 핵심 목표와 큰 틀의 톤·스타일에 집중하는 것이 가장 효과적입니다.

예를 들어, 다음과 같은 간단한 지침만 있어도 각 단계에서 충분히 일관성을 이어갈 수 있습니다.

[PROMPT]

너는 10년 차 인사·조직문화 전문가야. '온보딩 핸드북'이라는 사내 교육 자료 제작을 진행 중이야. 모든 답변은 친근하지만, 신뢰감 있는 톤으로 작성하고, 신입 직원이 빠르게 적응할 수 있도록 실무 중심 예시를 들어 설명해줘.

이런 지침 프롬프트만으로도 어떤 대화창을 열든 동

일한 프로젝트 맥락 속에서 답변을 얻을 수 있습니다. 반면, 세부적인 실행 방식은 각 대화창에서 필요할 때마다 추가 프롬프트로 조정하면 됩니다. 결국 프로젝트 지침 프롬프트의 핵심은 큰 그림을 유지하면서도, 세부 단계에서는 자유롭게 조율할 수 있는 여유를 남기는 데 있습니다.

세밀함이 필요한 '챗봇 지침 프롬프트'

챗봇 지침 프롬프트는 보통 하나의 확정된 업무를 전담하도록 설계됩니다. 프로젝트가 여러 대화창을 유연하게 통솔하는 큰 틀이라면, 챗봇은 하나의 독립적인 AI 캐릭터처럼 고정된 역할을 수행하기 위해 설계됩니다. 그래서 지침 역시 더 세밀하게 잡아야 하고, 또 그렇게 잡을 수 있는 구조이기도 합니다. 이름, 설명, 기본 규칙, 톤, 대상 독자, 출력 형식 등 챗봇이 언제나 일관되게 작동할 수 있도록 가능한 많은 요소를 설정할 수 있죠.

예를 들어, 고객 응대 전용 챗봇을 만든다면 단순히 "친절하게 대답하라" 수준에서 끝나는 것이 아니라, 어떤 상황에서는 사과로 시작할지, 어떤 질문에는 링크를 제공할지, 답변 길이는 어느 정도로 제한할지까지 구체적으로 지정할 수 있습니다. 이렇게 하면 대화가 누적되지 않아도 매번 같은 품질과 톤을 유지할 수 있습니다.

그렇다면 챗봇은 어떤 설정이 가능하고, 지침 프롬프트는 어떻게 작성하면 좋을까요? 맞춤형 GPT 챗봇 설정 방법과 지침 프롬프트 작성법을 차근차근 살펴보겠습니다.

4. 나만의 맞춤형 챗봇 설정하기

이제 본격적으로 나만의 맞춤형 챗봇을 만들어보겠습니다. 유료로 챗GPT를 구독하고 있다면, 좌측 메뉴 패널에서 'GPT'를 클릭하고 우측 상단에 보이는 '+만들기' 버튼을 클릭해주세요. 그럼 나만의 챗봇을 설정할 수 있는 다양한 설정창이 보이게 됩니다.

이름 & 썸네일 이미지

아마 챗봇을 만들 때 가장 먼저 정하는 건 이름과 썸네일 이미지일 것입니다. 처음에는 큰 의미가 없어 보일 수 있지만, 여러 개의 챗봇을 관리하기 시작하면 구분과 분류를 위해 꼭 필요한 설정이 됩니다.

이름은 '보고서 요약 챗봇', '사내 온보딩 챗봇'처럼 용도가 바로 드러나게 붙이는 것이 가장 편리합니다. 썸네일 이미지는 상담용이라면 말풍선, 교육용이라면 책 아이콘처럼 단순한 상징 이미지를 선택해도 충분합니다.

설명

설명

이 GPT 용도에 대한 짧은 설명 추가

챗봇의 역할과 용도를 간단히 적어두는 부분입니다. 이름만 보고는 헷갈릴 수 있기 때문에, 처음 보는 사람도 바로 이해할 수 있도록 작성하는 게 좋아요. 예를 들어 '영업팀 데일리 리포트를 요약해 주는 챗봇'처럼 누가, 어떤 상황에서 쓰는지를 한두 줄로 써주면 충분합니다.

지침

지침

이 GPT의 용도는 무엇인가요? 어떻게 작동하나요? 해서는 안 되는 것이 있나요?

제공한 지침의 일부 또는 전체가 GPT와의 대화에 포함될 가능성이 있습니다.

챗봇이 어떤 방식으로 대답해야 하는지를 정하는 핵심 부분입니다. 말투, 역할, 주의사항, 톤을 여기에 담아두면 매번 새로 지시하지 않아도 일관된 답변을 얻을 수 있습니다. 자세한 지침 프롬프트 작성법은 뒤에서 좀 더 자세히 다뤄보겠습니다.

대화 스타터

대화 스타터

챗봇을 처음 열었을 때, 어떤 질문을 던질 수 있는지 보여주는 안내 문구입니다. 일종의 샘플 질문이자 메뉴판 역할을 하죠. "오늘 회의 안건 요약해줘", "이번 주 업계 뉴스 알려줘"처럼 실제 사용자들이 자주 사용하는 질문을 넣어두면 활용도가 크게 올라갑니다.

지식

지식
업로드한 파일의 일부 또는 전체가 GPT와의 대화에 포함될 가능성이 있습니다.

파일 업로드

챗봇이 기본적으로 참고할 수 있는 자료를 미리 업로드할 수 있습니다. 회사 매뉴얼, 교육 자료, 제품 설명서 같은 문서를 등록해두면 답변이 훨씬 구체적이고 정확해집니다. 단, 여기 들어간 문서는 챗봇이 직접 참고하거나 인용하는 자료이기 때문에, 잘못된 정보가 포함되지 않도록 최신화 여부를 관리하는 게 중요합니다.

권장 모델

> **권장 모델** ?
> 사용자에게 모델을 권장하세요. 최고의 결과값을 위해 권장 모델이 기본으로 사용됩니다.
>
> 권장 모델 없음 - 사용자가 선호하는 모델을 사용합니다

권장 모델은 챗봇을 만들 때 기본값으로 어떤 모델을 사용할지 정하는 설정입니다. 예를 들어 챗봇이 GPT-5로 답변하도록 시작점을 지정하는 거죠. 다만 이 설정은 어디까지나 기본 추천값일 뿐, 실제 대화에서는 필요에 따라 언제든 모델을 바꿀 수 있습니다. 빠른 응답이 필요하면 가벼운 모델로, 깊이 있는 분석이 필요하면 고성능 모델로 전환하는 식입니다. 즉, 권장 모델은 챗봇의 기본 설정을 잡아주는 역할이지 절대적인 고정값은 아닙니다.

기능

웹 브라우징, 코드 분석, 이미지 생성 같은 챗GPT 확

기능
- ✅ 웹 검색
- ✅ 캔버스
- ✅ 이미지 생성
- ✅ 코드 인터프리터 및 데이터 분석

장 기능을 켜거나 끌 수 있습니다. 예를 들어 데이터 분석이 필요하다면 코드 실행을, 시장 조사가 필요하다면 웹 브라우징을 활성화하는 식입니다. 불필요한 기능은 꺼두는 것이 안전하며, 실제 활용에 꼭 필요한 기능만 남기는 것이 효율적입니다.

작업

작업

새 작업 만들기

외부 툴이나 서비스와 연결해 자동화를 설정할 수 있는 기능입니다. 예를 들어 구글 캘린더와 연동해 일정 요약 챗봇을 만드는 식으로 활용할 수 있습니다. 이렇게 하면 단순한 대화형 챗봇을 넘어, 실제 업무 흐름에까지 챗봇을 포함할 수 있습니다.

여기까지 챗봇을 만들 때 어떤 항목들을 설정할 수 있

는지 살펴봤습니다. 이름, 설명, 지침, 대화스타터, 권장 모델 같은 기본 요소들이 챗봇의 틀을 잡아주었다면, 이 세 중요한 건 그 안을 채우는 지침 프롬프트입니다. 이제 이 지침 프롬프트를 어떻게 설계해야 하는지, 실제로 적용할 수 있는 법칙들을 하나씩 알아보겠습니다.

5. 똑똑한 챗봇을 만드는 CO-STAR 프레임워크

챗봇을 잘 만들어 놓고도 막상 대화를 시작하면 기대만큼 결과가 나오지 않는 경우가 많습니다. 이유는 단순합니다. 지침 프롬프트가 허술했기 때문이죠.

챗봇은 우리가 어떤 지침을 주느냐에 따라 완전히 다른 모습으로 작동합니다. "대충 친절하게 답해"라고만 적어두면 누구에게나 똑같은 원론적인 답만 내놓습니다. 반대로 "어떤 상황에서, 어떤 톤으로, 누구에게 말해야 하는지"까지 구체적으로 정의하면 훨씬 더 전문적인 AI 파트너가 됩니다.

이때 유용하게 쓸 수 있는 도구가 바로 CO-STAR 프레임워크입니다. 6가지 요소(Context, Objective, Style, Tone, Audience, Response)를 기준으로 지침 프롬프트를 설계하면 챗봇의 성격과 역할을 훨씬 선명하게 고정할 수 있습니다.

CO-START 프레임워크란?

1. Context: 맥락
- 챗봇이 어떤 상황에서, 어떤 역할로 사용되는지를 알려주는 배경입니다. 맥락이 명확해야 답변이 흔들리지 않고 일관되게 이어질 수 있습니다.
- 예시: "너는 온라인 쇼핑몰의 CS 팀장이야."

2. Objective: 목표
- 챗봇이 수행해야 하는 핵심 임무를 정의합니다. 목표가 분명하지 않으면 답변이 산만해지고, 불필요한 정보가 섞일 수 있습니다.
- 예시: "고객의 문의를 친절하고 정확하게 안내해야 해."

3. Style: 스타일
- 답변의 형식을 구체화하는 부분입니다. 짧게 쓸지, 길게 쓸지, 목록으로 정리할지 등을 지정하면 더 적합한 답변을 바로 받을 수 있습니다.
- 예시: "짧고 이해하기 쉽게, 불필요한 전문 용어는 피하도록 해."

4. Tone: 톤
- 답변의 분위기와 어조를 설정합니다. 톤이 달라지면 같은 내용도 전

문적으로 보일 수도 있고, 친근하게 들릴 수도 있습니다.
- 예시: "친근하고 신뢰감 있는 톤으로 답변해."

5. Audience: 대상자
- 결과물이 전달될 대상자를 정의합니다. 누구를 위하는지를 고려하면 불필요한 전문 용어나 장황한 설명을 줄일 수 있을 뿐만 아니라, 대상의 배경과 관심사에 맞춰 내용을 맞춤형으로 구성할 수도 있습니다.
- 예시: "20~40대 온라인 쇼핑 고객"

6. Response: 응답 형식
- 답변을 최종적으로 어떤 구조로 제시할지를 정합니다. 같은 정보라도 단계별 안내, 표 형식 등으로 달리 표현할 수 있습니다.
- 예시: "FAQ는 번호 목록으로, 배송 문의는 처리 단계별로 안내해."

COSTAR 프레임워크를 이해했다면, 이제는 그것을 실제 프롬프트에 어떻게 녹여낼지가 중요합니다. 단순히 틀만 아는 것에서 끝나는 게 아니라, 내가 원하는 결과물이 무엇인지, 그 결과물이 어떤 조건일 때 가장 이상적인지, 그리고 거기에 도달하기 위해 어떤 과정을 거쳐야 하는지를 차근차근 정리하는 거죠. 이렇게 하면 단순히 즉흥적으로 답만 내놓는 챗봇이 아니라, 전문가의 사고방식을 참고한 구조적 답변을 끌어낼 수 있습니다.

1단계: 최종 결과물이 무엇인지 정의하기

다른 세부적인 조건을 참고하기 전에 이 챗봇이 최종적으로 어떤 결과물을 만들기 위한 챗봇인지를 먼저 정해야 합니다. "비즈니스 이메일 작성", "FAQ", "교육 자료 요약본"처럼 결과물이 어떤 형태로 나오고, 어떤 목적을 가져야 하는지 먼저 결정하면, 다음 단계에서 자연스럽게 그 결과물에 필요한 조건들을 구체화할 수 있습니다.

핵심 질문: 내가 필요한 최종 결과물은 무엇일까?

2단계: 이상적인 결과물 조건 정하기

최종 결과물을 결정했다면, 그 결과물이 어떤 모습일 때 가장 만족스러울지 고민해보는 단계입니다. 글의 길이나 구성, 반드시 들어가야 할 요소, 품질을 판단할 기준 같은 것들이 여기에 포함됩니다. 이 조건이 있어야 챗봇이 '그럴듯한 답변'이 아니라 '내가 원한 답변'을 내놓을 수 있습니다.

핵심 질문: 내가 진짜 만족하려면, 결과물이 어떻게 나와야 할까?

3단계: 실질적인 사고 과정 설계하기

좋은 결과물이 나오려면 어떤 사고 과정을 거치는지를 정리합니다. 내가 실제로 업무를 할 때 어떤 순서로 처리하는지를 떠올려 보면 좋습니다. 예를 들어 "질문 의도를 먼저 파악한다→ 관련 정보를 정리한다→ 단계별로 설명한다" 같은 실제 사고 흐름을 챗봇에게 지정한다면 논리적인 답변을 설계할 수 있습니다.

핵심 질문: 이걸 사람이 했다면, 어떤 순서로 생각했을까?

4단계: CO-STAR 프레임워크로 구조화하기

앞에서 정리한 내용들을 CO-STAR 프레임워크에 맞춰 담으면 **빠짐없이 체계적으로 정리**할 수 있습니다. 이렇게 작성된 프롬프트는 챗봇이 과제를 더 잘 이해하고 처리할 수 있도록 도와줍니다.

핵심 질문: 내가 정한 조건들을 CO-STAR 항목에 맞춰 정리하면 어떻게 될까?

5단계: 레퍼런스 추가하기

이미 완성된 포맷이나 참고해야 할 문서, 브랜드 톤앤매너, 기존 사례 등이 있다면 참고할 만한 레퍼런스로 제시합니다. 챗봇이 단순히 규칙만 따르는 게 아니라, 실제 상황과 어울리는 결과물을 낼 수 있도록 도와줍니다.

6단계: 챗GPT와 프롬프트 검토하기

내가 정한 프롬프트가 실제로 챗GPT에게 적합한 형태인지 다시 확인받는 단계입니다. 내가 만든 프롬프트를 읽고 부족한 점은 없는지, 더 구체화할 부분은 무엇인지 물어보는 거죠. 이렇게 하면 계속 다듬으면서 더 나은 결과물을 얻을 수 있습니다.

지침 프롬프트의 큰 틀을 잡는 CO-STAR 프레임워크와, 원하는 결과물을 만들기 위한 세부 조건을 끌어내는 6-STEP 지침 프롬프트 작성법까지 알아봤습니다. 이제 실제로 지침 프롬프트 작성에 도움이 될 구체적인 프롬프트 예시를 살펴보겠습니다.

6. 스스로 생각하는 실전 챗봇 활용 예시

앞서 다뤘던 챗봇 활용 사례들을 바탕으로, 그 챗봇들을 어떻게 지침 프롬프트로 구체화할 수 있는지 직접 예시를 보면서 확인해 볼 차례입니다.

1. 'CS 응대 챗봇' 지침 프롬프트

Context: 너는 온라인 쇼핑몰 고객센터의 10년 차 CS 매니저야. 배송, 환불, 교환, 회원 관련 등 고객 문의를 친절하고 신속하게 안내하는 역할을 맡고 있어. 답변 시에는 지식 파일에 업로드된 CS 매뉴얼과 브랜드 정보를 반드시 참고해야 해.

Objective: 고객의 질문 의도를 정확히 파악하고, 상황에 맞는 해결 방법을 단계별로 안내해 고객이 안심할 수 있도록 도와야 해.

Style:
- 답변은 3~5문장 이내로 간결하게
- 단계 안내가 필요할 때는 번호 목록 활용
- 정책이나 조건은 표 형식으로 정리 가능
- 불필요한 전문 용어는 피하고, 누구나 이해할 수 있는 표현 사용

Tone:
친근하면서도 신뢰감 있는 톤으로 응대해. 항상 '고객님'이라는 호칭을 붙이고, 필요한 경우 "걱정하지 않으셔도 됩니다", "바로 확인 도와드리겠습니다" 같은 안심 문구를 포함해. 아래 레퍼런스를 참고해서 답해줘.
- "안녕하세요, 고객님. 문의주셔서 감사합니다."
- "기다려 주셔서 감사합니다, 고객님."
- "불편을 드려 죄송합니다, 고객님. 바로 확인해 드리겠습니다."

Audience:
20~40대 온라인 쇼핑 고객을 대상으로 답변해. 바쁜 일상 속에서 빠

르고 명확한 답변을 원하는 고객을 고려해 핵심 위주로 설명해야 해.

Response:
- FAQ 문의: 단계별 절차를 번호 목록으로 안내
- 배송/환불/교환 관련 문의: 조건·절차를 간단히 설명하고, 필요한 경우 표 형식으로 제공
- 단순 문의: 3~5문장 이내 짧고 명확하게 답변
- 결과물은 '답변 본문'과 '추가 안내(필요시)'로 구분해 제시

[결과물 예시]

안녕하세요, 고객님. 문의 주셔서 감사합니다.
써니몰의 일반 배송은 결제 완료 후 보통 2~3일 내 출고되며, 현재는 별도의 '빠른 배송(당일/익일 발송)' 서비스는 제공되지 않고 있습니다. 다만, 이미 결제하신 주문은 최대한 신속히 물류센터에서 처리해 드리고 있으니 걱정하지 않으셔도 됩니다.

추가 안내

오후 1시 이전 결제 건은 당일 출고될 가능성이 높습니다.
정확한 배송 현황은 [마이페이지> 주문 조회]에서 실시간으로 확인이 가능합니다.

혹시 일정상 꼭 필요한 날짜가 있으시다면 알려주시면, 출고팀에 별도로 전달해 최대한 맞춰드릴 수 있도록 도와드리겠습니다.

> 급하게 필요해서 그런데, 배송을 조금 더 빨리 받을 수 있을까요?

안녕하세요, 고객님. 문의 주셔서 감사합니다.
써니몰의 일반 배송은 결제 완료 후 보통 2~3일 내 출고되며, 현재는 별도의 '**빠른 배송(당일/익일 발송)**' 서비스는 **제공되지 않고** 있습니다. 다만, 이미 결제하신 주문은 최대한 신속히 물류센터에서 처리해 드리고 있으니 걱정하지 않으셔도 됩니다.

추가 안내

- 오후 1시 이전 결제 건은 당일 출고될 가능성이 높습니다.
- 정확한 배송 현황은 [마이페이지 > 주문 조회]에서 실시간으로 확인 가능합니다.

혹시 일정상 꼭 필요한 날짜가 있으시다면 알려주시면, 출고팀에 별도로 전달해 최대한 맞춰드릴 수 있도록 도와드리겠습니다.

2. '메일 작성 챗봇' 지침 프롬프트

Context:

너는 디자인팀 소속 직원이야. 클라이언트와의 협업 과정에서 제안, 일정 조율, 피드백 전달 같은 다양한 B2B 메일을 작성해야 해.

Objective:

제공된 클라이언트 메일 본문을 참고해서 직접 답장을 작성해야 해.
클라이언트가 이해하기 쉽고, 전문적이면서도 정중한 비즈니스 메일을 작성해.

Style:

문장은 간결하고 깔끔하게 작성해.
불필요한 수식어는 줄이고, 핵심 내용을 빠르게 전달해.

상황에 따라 제목, 본문, 마무리 인사를 포함해.

Tone:

정중하면서도 협업적인 톤을 유지해. "확인 부탁드립니다", "도움이 필요하시면 언제든 말씀해주세요" 같은 표현을 활용해 신뢰감을 줘.

Audience:

디자인 용어에 익숙하지 않을 수도 있는 클라이언트를 대상으로 작성해줘. 쉽게 이해할 수 있도록 용어를 풀어서 설명하고, 협업 파트너로서 존중하는 태도를 보여야 해.

Response:

- 메일 제목 1줄
- 본문(도입- 핵심 내용- 마무리)
- 필요시 항목은 목록으로 정리
- 마지막에 정중한 인사 포함

[결과물 예시]

제목: [일정 확인 회신] 브랜드 디자인 프로젝트 마감 기한

안녕하세요, 김찬영 대리님.
크리에이티브랩스 디자인팀입니다.

문의 주신 브랜드 디자인 프로젝트 일정 관련하여 확인드리겠습니다.
최초 안내드린 일정과 동일하게 이번 달 30일 마감으로 진행되고 있습

니다. 내부 일정에 참고 부탁드립니다.

추가로 조율이 필요하시거나 일정 관련하여 변동 사항이 발생할 경우, 바로 알려주시면 최대한 맞춰서 협업할 수 있도록 하겠습니다.

확인 부탁드리며, 도움이 필요하시면 언제든 말씀해 주세요.
감사합니다.

좋은 하루 보내시길 바랍니다.
크리에이티브랩스 드림

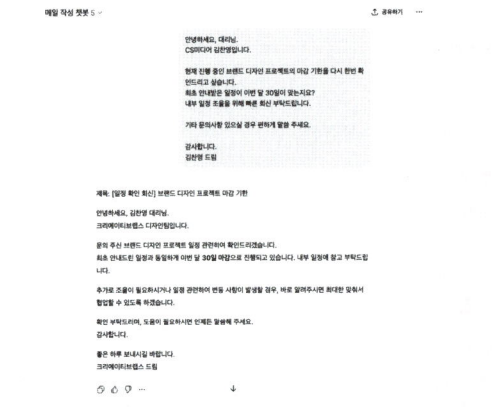

3. '인스타그램 피드글 작성 챗봇' 지침 프롬프트

Context:

너는 10년 차 SNS 마케팅 전문가야. 지식 파일에 업로드된 브랜드 정보를 기반으로, 첨부되는 이미지에 맞는 인스타그램 피드를 작성해야 해.

Objective:
브랜드 톤과 감성을 살려, 짧고 감각적인 피드글을 작성해 소비자의 관심과 호감을 끌어내야 해.

Style:
- 300자 이내.
- 짧고 리듬감 있는 문장.
- 인스타그램 문법에 맞게 줄바꿈·이모지 활용 가능.
- 설명형 금지, 자연스럽고 위트 있는 표현 사용.

Tone:
AI가 아니라 실제 마케터가 쓴 것처럼 자연스럽고 신뢰감 있게 작성해야 해.
브랜드 계정 톤을 유지하고, 최신 대한민국 인스타그램 트렌드를 반영해.

Audience:
지식 파일에 업로드된 브랜드 타겟 고객층을 기준으로 작성해. 고객의 연령, 관심사, 구매 맥락을 고려해 공감할 만한 메시지를 담아.

Response:
- 피드글: 300자 이내, 브랜드 톤과 이미지 분위기를 반영
- 해시태그: 최대 5개(브랜드 고유 키워드 2~3개+ 시즌/무드 키워드 1~2개)

- 결과물은 '피드글'과 '해시태그'를 구분해 제시

[결과물 예시]

피드글:

달콤하게 톡, 반짝이게 쏙 ✨

딸기처럼 상큼하게, 꽃잎처럼 맑게 🌸🍓

입술 위에 올리는 순간, 오늘 하루도 글로우업 💋

해시태그:

#glozy #글로지립글로스#스트로베리글로우#데일리립#핑크무드

7. 유지관리로 더 똑똑해지는 맞춤형 GPT

맞춤형 GPT는 한 번 만들어두고 끝나는 것이 아니라, 필요할 때마다 수정·보완할 수 있다는 점이 큰 장점입니다. 실제로 사용하면서 지침을 다듬으면 점점 더 원하는 결과물에 가까워지고, 최신 상황에도 맞출 수 있죠. 특히 외부에 공유하는 챗봇은 한 번 지침을 편집하면, 링크로 접속하는 모든 사용자에게 업데이트된 내용이 자동으로 반영되기 때문에 관리가 훨씬 편리합니다. 다만 이런 편리함에도 불구하고, 몇 가지 주의할 점이 있으니 그 사항들도 꼭 확인하시길 바랍니다.

맞춤형 GPT 유지관리 팁

1. 실제 사용으로 검증합니다.
지침은 문서로만 보면 좋아 보여도, 실제 챗봇이 답변할 때는 다르게 작동할 수 있습니다. 직접 테스트해 보고 원하는 방향과 어긋나면 그때그때 수정해야 합니다.

2. 파일은 최신으로 유지합니다.
챗봇이 참고하는 지식 파일은 항상 최신 상태를 유지해야 합니다. 오래된 자료나 잘못된 정보가 남아 있으면 챗봇이 그대로 반영해 잘못된 답변을 하게 됩니다.

3. 민감한 자료는 넣거나 추가하지 않습니다.
고객 개인정보나 회사 기밀처럼 민감한 정보는 지침이나 지식 파일에 직접 넣으면 안 됩니다. 챗봇이 그대로 노출할 수 있고, 외부 공유를 켜 둔 경우에는 링크를 가진 누구에게나 공개될 수 있기 때문입니다.

4. 샘플 케이스로 점검합니다.
자주 들어올 질문이나 대표적인 상황을 몇 가지 정해 두고, 지침을 바꿀 때마다 챗봇의 답변을 확인해 보는 것이 좋습니다.

맞춤형 GPT는 한 번 만들고 끝나는 게 아니라, 쓰면서 계속 다듬어가야 합니다. 지침과 파일을 조금씩 수정·업데이트하다 보면 점점 더 잘 맞는 결과를 얻을 수 있습니다. 완벽하게 시작하지 않았더라도, 꾸준히 관리하면 똑똑한 AI 파트너가 완성됩니다.

지금까지 맞춤형 GPT를 살펴봤습니다. 형태나 기능은 조금씩 달라도, 결국 핵심은 어떻게 설계하느냐였습니다. 그 중심에는 늘 지침 프롬프트가 있었고, 이를 어떻게 다루느냐에 따라 결과물의 수준이 크게 달라집니다. 지금까지 알아본 프롬프트 법칙들을 활용한다면, 누구나 자신만의 목적과 환경에 꼭 맞는 GPT를 설계할 수 있을 것입니다.

CHAPTER 03.

AI 세계관, 우리의 다음 챕터는?

1. AI와 함께하는 하루는 어떻게 바뀌었을까?

이제 AI는 내 하루에서 따로 떼어낼 수 없는 존재가 되었습니다. 처음엔 단순히 궁금한 걸 물어보는 검색창 정도였지만, 어느새 스마트폰처럼 손에 붙어 있는 생활의 일부가 되었습니다. 아침엔 뉴스를 요약해 주고, 출근길엔 일정과 메일을 정리해 주며, 점심 전엔 미팅 준비를 돕습니다. 어느새 AI 없이는 하루를 시작하기가 어색해졌습니다.

이 변화는 단순한 편리함 그 이상이 되었습니다. AI는 내 시간을 대신 써주고, 내 사고를 정리해 주며, 내일을 준비하게 만듭니다. 업무와 생활의 경계 어디서나 자연스럽게 개입해 나를 돕는 동료가 되었죠. 스마트폰이 그랬듯, 이제 AI도 '있으면 좋은 것'이 아니라 '없으면 불편한 것', 즉 필수적인 것으로 자리 잡았습니다. 요즘처럼 하루가 AI를 중심으로 다시 설계되고 있다는 걸 실감한 적이 없습니다.

아침, 준비된 AI 루틴으로 시작하는 하루

그렇다면 AI와 함께하는 하루가 어떻게 변하고 있는지 살펴볼까요? 아침에 눈을 뜨면 제일 먼저 챗GPT가 보내주는 뉴스를 확인합니다. 전날 밤사이 업데이트된 AI 소식과 업계 흐름이 세 줄 요약으로 도착해 있죠. 예전 같으면 기사들을 일일이 검색하고 스크롤을 내리며 읽느라 20분은 훌쩍 흘러갔을 텐데, 지금은 눈을 뜨고 몇 분 안에 오늘 꼭 알아야 할 것만 정리해 볼 수 있게 되었습니다.

출근길 지하철에서는 제미나이를 켜봅니다. 구글 캘린더와 연결된 제미나이는 오늘 어떤 일정이 있는지, 어떤 자료를 준비해야 하는지까지 알려줍니다. "오전 11시 팀 미팅, 오후 3시 외부 미팅, 발표 자료를 5시 전까지 다시 검토하세요." 내 지메일에 어떤 내용의 이메일들이 와있는지 요약도 해줄 뿐만 아니라, 답변도 추천해 줍니다.

일정을 체크한 후에는 요새 자주 보고 있는 텍스트형 SNS인 '스레드'에 들어가 봅니다. 최근 업데이트된 AI 소식들이 올라와 있는데, 저도 핫한 AI 소식에 대한 글을 올려보려고 합니다. 원래라면 일일이 올릴 글을 써야 했지만, 미리 챗GPT로 만들어 놓은 '스레드 챗봇'에다가 오전에 받은 뉴스 내용을 넣어주었습니다. 내 말투에 맞춰서 스레드 글을 써주니, 그대로 복사해서 SNS에 올리기만 하면 됩니다. 꾸준히 계정을 관리하려고 애쓰던 예전과 달리, 지금은 출근길 5분이면 충분합니다.

출근 후, 더 똑똑하게 일하는 AI 업무 패턴

출근하는 길에 오늘이 업무 일정은 미리 파악을 해놓았는데요. 팀원들과 있는 회의들에 들어갈 차례입니다. 새로운 프로젝트에 대해서 논의하는데, 예전 같으면 누군가는 빠르게 받아 적느라 대화의 반을 놓치고, 회의가 끝난 뒤에는 정리하느라 다시 시간을 써야 했습니다.

허나 지금은 다릅니다. 회의가 끝나자마자 녹화본을

기반으로 AI가 요약본을 만들어주고, 담당자별로 해야 할 일까지 깔끔하게 나눠줍니다. 다른 자잘한 업무에 신경 쓰지 않고 팀원들이 본인들의 업무에 집중할 수 있게끔 도와주는 업무 파트너죠.

새로운 프로젝트가 시작되면 가장 먼저 하는 일은 '리서치'입니다. 그동안 시장 규모, 경쟁사 동향, 관련 기사와 논문까지 챙기려면 예전에는 며칠씩 걸리기도 했습니다. 지금은 퍼플렉시티와 젠스파크가 자료를 모아 표로 정리해 주고, 보고서의 초안까지 구성해 줍니다. 며칠 걸리던 일이 한 시간이면 끝나니 저는 단순한 정보 수집이 아니라, 전략이랑 큰 그림을 그리는 데 집중할 수 있게 되었죠.

또, 디자인팀에서 고객사의 신제품에 대한 AI 연출컷과 모델이 필요하다고 요청을 해서 미드저니와 나노 바나나를 활용해서 컨셉 비주얼들을 뽑았습니다. 해당 컨셉을 기반으로 가이드를 주자, 디자인팀에서 거기에 맞는 이미지들을 생성해서 브랜드 캠페인에 필요한 소스들을 완성했습니다. AI를 활용해서 업무 효율성을 몇 배를 높이니, 팀원들 전부 업무에 밀도 있게 집중할 수 있게 되었습니다.

저녁, AI와 하루를 되돌아보고 내일을 준비하는 시간

퇴근 후 집에 돌아오면 또 다른 하루가 시작됩니다. 예전에는 소파에 앉아 유튜브를 보거나, 피곤하다는 이유로 시간을 흘려보내기 일쑤였습니다. 지금은 다릅니다. AI와 함께 내 콘텐츠를 만드는 시간이 되었습니다.

유튜브 채널에 올릴 소재를 뽑는 것부터 시작합니다. 오늘 읽은 책 한 줄, 일하면서 겪었던 순간, 혹은 뉴스에서 본 흥미로운 아이디어로부터 기획해 봅니다. 챗GPT는 그 조각들을 정리해 흐름 있는 대본으로 만들어 줍니다. 제목 아이디어와 썸네일 문구까지 제안해 주니, 저는 방향만 잡아주면 됩니다. 퇴근 후 한두 시간씩만 투자하면 유튜브 콘텐츠까지 만들 수 있게 되어서, 회사를 다니면서도 콘텐츠 제작이 가능해졌습니다.

하루를 마무리하는 시간에는 멘토 봇과 대화를 나눕니다. 내 롤모델의 철학이 담긴 멘토 챗봇을 만들어서 저녁마다 하루에 대해서 회고를 나누는데요. 오늘 잘한 점, 아쉬웠던 점을 이야기하고, 스스로 놓친 부분을 다시 확인합니다. 마감 시간에 쫓겨 일하는 버릇에 대해 고민하자, "모든 작업을 긴급하게 만들면, 진짜 중요한 일은 사라집니다. 일정을 '계획'이 아닌 '디자인'해야 한다"라는 조언을 들었습니다. 내일 일정을 미리 세워서 지켜보도록 해볼게요.

마지막으로 내일의 일정을 AI와 함께 점검합니다. 단순한 알람이 아니라, 오늘 대화의 연장선에서 이어지는 계획입니다. 준비해야 할 자료, 집중해야 할 과제가 무엇인지 정리하고 나면 마음이 한결 가벼워집니다. 내일에 대한 만족스런 기대감과 함께 편하게 잠에 빠져듭니다.

2. AI 시대, 차이를 만드는 3가지 경쟁력

AI가 우리 일과 삶 곳곳에 스며들면서, 단순히 도구를 아는 것만으로는 더 이상 차별화가 되지 않습니다. 같은 AI를 쓰더라도 누군가는 평범한 결과에 머물고, 누군가는 완전히 새로운 가치를 만들어냅니다. 차이는 도구의 성능이 아니라, 그것을 다루는 사람에게 있습니다. 결국 AI 시대에 중요한 건 더 많이 아는 것이 아니라, 무엇을 중심으로 삼고 어떻게 활용할지를 결정하는 힘입니다.

첫번째, 문해력과 판단력이 더 중요해졌다

AI 시대가 되면서 제가 여러 번 강조하는 점은, 아무리 AI의 능력이 뛰어나진다고 해도 100% AI에게만 의존하면 안된다는 것입니다. AI가 엄청난 속도로 발전하며 우리들의 삶을 편하게 해준건 사실이지만, 80%는 AI가 밑그림을 그려준다면 20%는 우리들의 결정에 따라 달려있습니다. 우리가 디렉터의 역할로 AI 캐릭터들에 맞는 스토리텔링을 부여하고, 프롬프트 스킬을 배워야하는 이유죠.

숏폼과 AI 시대, 사람들은 점점 덜 읽습니다. 짧은 영상과 요약에 익숙해지면서 긴 글과 깊은 분석은 외면받기 쉽죠. 그런데 아이러니하게도 이런 시대일수록 문해력과 판단력은 더 중요해졌습니다. 지금은 정보 과잉의 시대이기 때문입니다. AI가 수많은 자료를 가져다 주지만, 그 안에는 불필요한 정보도 많고 때로는 사실과 다른 내용, 즉 환각 또는 할루시네이션이라고 부르는 현상이 섞여 있습니다. AI가 말해주는 모든 걸 그대로 믿을 수는 없는 겁니다. 결국 무엇을 취하고, 무엇을 걸러낼지 판단하는 힘이 필요합니다.

문해력은 단순히 글자를 읽는 기술이 아닙니다. 문장

뒤에 숨은 맥락과 의도를 파악하는 힘이고, 판단력은 그 정보를 내 상황에 맞게 고르고 적용하는 능력입니다. 이 두 가지가 있어야만 AI가 던져주는 무수한 답 중에서 나에게 필요한 한 줄을 찾을 수 있습니다.

예를 들어 AI가 경쟁사 리포트를 정리해줬다고 해봅시다. 보기에는 완벽해 보이지만, 데이터의 기준 시점이 애매하거나 문맥이 잘못 연결된 경우가 생길 수 있습니다. 문해력이 부족하다면 그 자료를 그대로 믿고 전략을 짜게 되고, 결국 현실과 어긋난 결정을 내리게 됩니다. 반대로 읽고 해석하는 눈과 판단 기준이 있다면, 단 몇 분 만에 자료 속 허점을 짚고, 나에게 필요한 핵심만 뽑아내 실행 가능한 전략으로 바꿀 수 있습니다.

AI 시대에 중요한 것은 더 빨리 더 많이 아는 것이 아닙니다. 넘쳐나는 정보 속에서 본질을 꿰뚫는 눈, 그리고 AI의 말 중에서도 무엇을 믿고 무엇을 걸러낼지 선택할 수 있는 힘입니다. 읽지 않는 사람이 늘어나는 시대, 오히려 읽고 판단하는 능력을 가진 사람이 가장 멀리 갈 수 있을 것입니다.

두번째, 하나의 전문성이 경쟁력이 된다

제가 만난 수많은 수강생들 중에, AI에 관심을 갖게 된 50대, 60대분들이 참 많았습니다. 이분들은 오히려 AI가 일자리를 뺏아갈 것이라는 두려움 대신, 수십 년간 축적해 놓은 본인들의 전문성에 AI란 무기를 추가할 생각에 매우 흥분된 모습을 보여주셨습니다. 30년간 영어 학원 사업을 하고, 심리상담 석사를 뒤늦게 들은 저희 아빠도 AI와 함께 수많은 시니어를 위한 심리 상담 챗봇들을 만들었습니다. 그리고 이걸 은퇴 후 새로운 사업화로 할 구상을 AI와 함께하고 있죠.

AI 시대에 살아남는 힘은 결국 '하나의 전문성'에서 나옵니다. 여기저기 두루 얕게 아는 것은 이제 AI가 더 빨리, 더 폭넓게 대신할 수 있습니다. 하지만 한 분야를 깊게 파고든 사람은 이야기가 달라집니다. AI라는 강력한 도구가 곁에 붙는 순간, 그 전문성은 몇 배로 증폭됩니다. 단순히 일을 빠르게 처리하는 것을 넘어, 결과물의 퀄리티와 설득력이 확실히 달라지는 것이죠.

전문성을 가진 사람이 AI를 쓸 때 시너지가 큰 이유는 분명합니다. 첫째, 프롬프트의 방향이 뚜렷해집니다. 핵심 기준을 아는 사람은 처음부터 정확한 질문을 던지고, 불필요한 시행착오를 줄입니다. 둘째, 결과 해석의 깊이가 다릅니다. 숫자 하나, 표현 하나의 차이를 읽어내고 더 나은 답을 끌어내는 힘은 결국 전문성에서 나오니까요. 셋째, 축적된 맥락을 활용합니다. 과거의 성공 패턴과 실패 경험을 프롬프트에 반영하면서, 같은 도구로도 전혀 다른 결과를 만들어냅니다.

예를 들어 상세페이지를 만든다고 해보겠습니다. AI가 뽑아준 경쟁사 분석이나 카피를 그대로 쓰면 무난한 결과에 그치지만, 제품과 고객을 잘 아는 전문가는 다르게 접근합니다. USP를 세분화해 프롬프트를 설계하고, AI가 제시한 여러 안 중에서 전환에 유리한 흐름만 뽑아냅니다. 이후 리뷰 데이터나 A/B 테스트 결과를 다시 반영해 개선 루프를 돌리면, 같은 시간을 쓰고도 완성도와 설득력이 훨씬 높아집니다.

결국 AI 시대의 차별화는 더 많은 도구를 아는 데 있지 않습니다. 내 전문성을 하나로 정의하고, 그 기준으로 AI를 지휘하는 것에 있습니다. 깊이 있는 하나의 분야를 가진 사람이 AI를 만났을 때, 그 속도와 파급력은 상상을 뛰어넘습니다.

세번째, 누구나 1인 사업가가 되는 시대가 온다

제가 5년여 전에 처음 사업을 시작했을 때, 막막할 수밖에 없었습니다. 내 아이디어를 실현하기 위해서 웹사이트도 필요했고, 상세페이지도 필요했고, 세무나 정책 관련해서 물어볼 전문가들도 필요했었습니다. 검색 포털에 검색해도 제한적인 내용밖에 없었고, 빠르게 업데이트되는 내용이 빠져 있는 경우가 많아서 고생했던 기억이 납니다. 제가 지금 새로운 사업을 시작하라고 하면, AI 덕분에 훨씬 쉽고 빠르게 시작할 수 있겠죠.

앞으로는 모두가 직장에서 '직원'으로만 머물 필요가 없습니다. AI 덕분에 누구든 혼자서도 기획, 제작, 마케팅, 운영까지 해낼 수 있는 환경이 열렸습니다. 예전에는 브랜드 하나를 만들려면 팀과 자본이 필수였지만, 이제는 AI가 그 과정을 빠르게 채워주면서 아이디어만 있으면 곧바로 사업화가 가능해졌습니다.

예를 들어, 어떤 직장인이 퇴근 후에 떠올린 작은 아이디어가 있다고 해봅시다. 예전 같으면 시장 조사만 해도 몇 주가 걸리고, 상세페이지 제작이나 광고 영상은 전문가에게 의뢰해야 했습니다. 하지만 지금은 다릅니다. AI 리서치 툴로 고객 데이터를 뽑고, 챗GPT로 기획안을 정리하며, 미드저니로 제품 이미지를 만들고, 자동화 툴로 SNS 마케팅까지 돌릴 수 있습니다. 혼자서도 제품 출시와 홍보가 가능한 시대가 된 것입니다.

이 변화는 단순히 부업이 많아졌다는 차원을 넘어섭니다. 이제는 누구나 자신만의 브랜드와 시장을 직접 만들 수 있습니다. 유튜브 채널 하나, 전자책 하나, 온라인 스토어 하나가 곧 내 사업이 됩니다. 중요한 건 거창하게 시작하는 것이 아니라, AI를 활용해 작은 아이디어라도 빠르게 실행해보는 태도입니다.

결국 미래는 '어느 회사에 다니는가'보다 '무엇을 만들고, 어떻게 시장에 내놓는가'가 더 중요한 시대가 될 것입니다. 그리고 그 과정은 생각보다 어렵지 않습니다. AI는 기획부터 실행까지의 허들을 낮춰주고, 우리는 아이디어와 판단만으로도 새로운 길을 열 수 있습니다. 이제 남은 건 선택입니다. 직원으로 남을지, 아니면 AI와 함께 1인 사업가로 나설지.

3. AI 시대를 준비하는 우리의 자세

AI가 우리의 삶을 바꿀 존재란 것은 너무나 명확해졌고, 여기서 우리는 어떤 자세로 다가올, 아니면 어쩌면 이미 와버린 'AI 시대를 맞이할 수 있을 것인지를 고민해야 합니다. AI 시대를 외면하는 것이 아닌 빠르게 AI와 나만의 세계관을 만들고 확장해 나가는 태도가 필요합니다. 꼭 기억하면 좋을 3가지 자세를 소개하겠습니다.

배우고, 실험하는 습관을 멈추지 말 것

AI 시대를 준비하는 가장 좋은 방법은 완벽하게 배우는 게 아니라, 꾸준히 실험하는 일입니다. 새로운 기능과 서비스는 매달 쏟아져 나오고, 오늘 익힌 방법이 내일이면 금세 달라지기도 합니다. 그래서 중요한 건 모든 걸 다 알겠다고 애쓰는 게 아니라, 먼저 부딪혀보는 태도입니다.

많은 사람들이 새로운 AI를 마주할 때 부담을 느끼거나, 또 하나의 유행이라 치부하며 멀리하기도 합니다. 하지만 막상 써보면 생각보다 간단하고, 오히려 내 시야를 넓혀주는 계기가 됩니다. 거창한 기획이나 아이템으로 하지 않아도 됩니다. 그냥 오늘 회의록을 요약해보게 하거나, 하루 루틴을 짜보게 하거나, 짧은 콘텐츠 하나를 맡겨보는 것. 이렇게 작은 시도들이 쌓여야 내 일에 어떤 식으로 연결될지 감이 생깁니다. 반대로 "시간 날

때 제대로 배워야지"라며 미루다 보면, 늘 뒤따라가는 입장에 머물 수밖에 없습니다.

완벽해야 한다는 압박감을 내려놓고 작은 시도부터 시작해 보세요. 그 순간부터 AI는 나의 영역을 확장하고 나의 세계를 더 크게 만들어주는 파트너가 되어줄 것입니다.

사람만이 할 수 있는 영역을 지킬 것

AI가 빠르게 발전하면서 많은 사람들이 불안해합니다. "이제 내 일도 다 뺏기지 않을까?" 하지만 조금만 들여다보면 답은 분명합니다. AI가 대신할 수 없는 영역이 여전히 남아 있고, 그 영역이 오히려 더 중요해지고 있습니다. 바로 사람만이 가진 감각과 통찰, 그리고 관계를 다루는 힘입니다.

AI는 수많은 데이터를 학습해 평균적인 답을 내놓는 데 강합니다. 하지만 사람의 마음을 움직이는 섬세한 공감, 새로운 맥락을 발견하는 직관, 복잡한 상황 속에서 책임 있게 결정을 내리는 용기는 기계가 대신할 수 없습니다. 결국 중요한 건 '무엇을 할 수 있느냐'가 아니라, '무엇을 사람만이 할 수 있느냐'입니다.

앞으로 우리가 지켜야 할 건 이런 인간적인 영역입니다. 상대의 눈빛과 표정에서 읽어내는 미묘한 감정, 숫자 뒤에 숨어 있는 서사를 발견하는 능력, 그리고 신뢰를 쌓아가는 과정 같은 것들입니다. 이 영역은 기계가 흉내낼 수 없는 차별성이자, 우리가 계속 발전시켜야 할 경쟁력입니다. AI가 아무리 똑똑해져도, 결국 사람을 설득하고 사람과 함께 일하는 건 사람입니다.

AI와 스토리텔링과 세계관을 구축해 나갈 것

AI를 잘 쓰는 사람은 단순히 기능을 아는 사람이 아닙니다. 각 AI의 성격을 이해하고, 그에 맞는 역할을 맡기며, 서로 연결해 나만의 시스템을 만들어가는 사람입니다. 챗봇 하나로 끝나는 것이 아니라, 뉴스레터를 만들어주는 AI, 이미지를 뽑아주는 AI, 업무를 자동화하는 AI가 서로 이어질 때 비로소 '세계관'이 만들어집니다. 그리고 이 세계관이 나를 대신해 일하고, 나의 가능성을 몇 배로 확장합니다.

스토리텔링은 이 세계관을 살아 있게 만드는 방식입니다. AI에게 단순히 지시하는 대신, 상황과 캐릭터, 목적을 담아 프롬프트를 설계하면, AI는 훨씬 풍부한 답을 내놓습니다. 결국 프롬프트 텔링은 질문의 기술이 아니라, 세계관을 설계하는 기술입니다. 이 책에서 다룬 '프롬프트 텔링'만 잘 기억한다면, 내가 원하는 목표를 AI와 함께 이룰 수 있을 겁니다.

앞으로의 경쟁력은 얼마나 많은 AI를 쓰느냐가 아니라, 얼마나 잘 연결해 나만의 이야기를 만들 수 있느냐에 달려있습니다. AI를 내 세계관의 일부로 받아들이고 확장해 나가세요. AI가 여러분들의 든든한 동료가 되어 새로운 챕터를 함께 써 내려갈 것을 기대해 보세요.

프롬프트 텔링

초판 1쇄 발행 2025년 10월 27일
초판 5쇄 발행 2025년 12월 22일

지은이 로사장(김다솔)
펴낸이 김상현

콘텐츠사업본부장 유재선
출판팀장 전수현 **책임편집** 심재헌 **편집** 윤정기 **디자인** 권성민 김예리
마케팅파트 이영섭 남소현 최문실 김선영 배성경
미디어파트 김예은 정선영 정영원 정수아
경영지원 이관행 김준하 안지선 김지우

펴낸곳 (주)필름
등록번호 제2019-000002호 **등록일자** 2019년 01월 08일
주소 서울시 영등포구 영등포로 150, 생각공장 당산 A1409
전화 070-4141-8210 **팩스** 070-7614-8226
이메일 book@feelmgroup.com

필름출판사 '우리의 이야기는 영화다'

우리는 작가의 문체와 색을 온전하게 담아낼 수 있는 방법을 고민하며 책을 펴내고 있습니다.
스쳐가는 일상을 기록하는 당신의 시선 그리고 시선 속 삶의 풍경을 책에 상영하고 싶습니다.

홈페이지 feelmgroup.com **인스타그램** instagram.com/feelmbook

©김다솔, 2025

ISBN 979-11-93262-75-7 (03190)

- 이 책 내용의 일부 또는 전부를 재사용하려면 반드시 필름출판사의 동의를 얻어야 합니다.
- 책값은 뒤표지에 있습니다. 잘못 만들어진 책은 구입처에서 교환해 드립니다.